U0819729

石油市场金融化对油价波动的影响研究

张　茜　著

中国财经出版传媒集团
中国财政经济出版社

图书在版编目（CIP）数据

石油市场金融化对油价波动的影响研究／张茜著．
--北京：中国财政经济出版社，2019.11
ISBN 978-7-5095-9234-2

Ⅰ.①石…　Ⅱ.①张…　Ⅲ.①石油价格－物价波动－研究　Ⅳ.①F107.22

中国版本图书馆 CIP 数据核字（2019）第 195576 号

责任编辑：彭　波　　　　责任印制：党　辉
封面设计：孙俪铭　　　　责任校对：胡永立

中国财政经济出版社 出版
URL：http：//www.cfeph.cn
E-mail：cfeph@cfemg.cn
（版权所有　翻印必究）
社址：北京市海淀区阜成路甲 28 号　邮政编码：100142
营销中心电话：010-88191537
北京财经印刷厂印装　各地新华书店经销
710×1000 毫米　16 开　15.25 印张　200 000 字
2019 年 11 月第 1 版　2019 年 11 月北京第 1 次印刷
定价：68.00 元
ISBN 978-7-5095-9234-2
（图书出现印装问题，本社负责调换）
本社质量投诉电话：010-88190744
打击盗版举报热线：010-88191661　QQ：2242791300

前　　言

随着全球化趋势的不断增强，石油市场越来越成熟，对经济的影响力也越来越大，石油价格的内涵与外延也不断丰富和发展。石油的金融属性日益凸显，并作为一种新的金融形态存在于国际能源市场和金融市场中。

在这一背景下，本书研究目的在于通过深入分析石油价格波动特征，透过石油价格波动的现象剖析油价的本质，重新审视石油作为自然资源的商品属性，以及作为金融资本投资对象的金融属性。在突破传统经济学研究方法上，从行为金融学角度，以“行为范式”为指导，建立符合现实石油市场的分析框架。考察石油市场基本面因素和投机行为在油价形成过程中的相对重要性，探讨油价大起大落的原因，尤其对2003年以来的石油价格波动给出合理的解释。在此基础上，根据投资者的有限理性与异质性分析石油市场中投资主体的行为特征对油价波动的影响。

本书的创新性主要体现在以下几个方面：

第一，从研究主题来看，虽然研究石油价格的论文众多，但本书以石油市场金融属性下的价格波动为研究主题，从行为金融学视角来研究石油市场交易者行为对价格的影响，目前国内研究并不多见。

第二，传统的金融学理论不再适用于当前的石油市场，更不能用来解释2003年以来的石油市场中的“异象”。本书根据石油市场现实情况，以行为金融学为指导，基于基本面和行为视角分析石油价格的动态，考察基本面因素和投机因素对油价形成的相对重要性。结果发现，过去几年，石油期货市场的投机活动在很大程度上扭曲了石油价格的形成，导致油价显著偏离其基本面决定的价格水平。

第三，利用行为金融学的异质性主体模型分析石油市场中不同交易者行为对油价的影响。在对噪声交易者模型改进的基础上，构造关于异质性主体与石油期货价格的模型，并将马尔可夫区制转移模型应用到石油期货市场，分析石油期货市场参与者的异质性，以及其参与石油市场行为对油价的影响。结果发现，在2004年以前，石油市场的基本面因素可以很好地解释石油期货价格波动情形，但是，自2004年以后，石油市场中的状态转移变得更加频繁，特别是趋势追逐状态占据主导地位。该模型的一个显著特点是将石油市场的主体行为人与客观基本面结合在一起，更加有力地解释了油价运动机理，在一定程度上克服了简单片面地从市场某一因素解释石油价格波动原因。

第四，在标准金融理论所依据的“理性范式”和行为金融学所依据的“行为范式”之间，中国的期货市场更符合“行为范式”，因而本书选择从行为范式的角度研究中国燃料油期货市场。

作者

2019年6月

目　　录

第1章　绪论

人类社会对于石油的认识和利用有着悠久的历史。自1859年美国宾夕法尼亚州的泰特斯维尔镇成功钻得第一口商业油井以来，石油生产进入了商业化、产业化时代。石油的应用范围不断拓展，从最初的照明、润滑，迅速成为社会经济发展中最重要的能源和原材料来源。既然石油如此重要，为什么历史上出现过多次供给短缺的情况呢？为什么产油国在面对油价大幅上涨却不急于增产呢？为什么消费国愿意承受高油价而不削减石油进口量呢？为什么近几年投机资金如此热衷于进入石油期货市场呢？对于这一系列些问题，我们不仅需要从传统经济学理论的角度思考，还应以发展的眼光看待问题，如今的石油市场已不可同日而语，石油期货市场的发展使石油问题更多地涉及金融市场。

毋庸置疑，石油首先是作为一种能源商品登上历史的舞台，这是石油所具有的最基本的经济属性。石油期货市场的建立，则逐渐使石油成为一种重要的金融产品。石油的商品属性和金融属性综合影响着石油价格的走势，但在不同的历史时期，各因素所起的作用有所不同，只有综合考察，才能更全面地了解石油价格的波动特性，更准确地把握当前石油市场的模式变化。

本书以石油价格波动为主线，通过比较标准金融学与行为金融学理论在石油市场中的适用性以确定传统经济学理论方法是否适用于石油市场的研究。在理论分析比较的基础上，考察国际石油期货市场的运行效率，并分析石油市场基本面与金融投机对油价的相对重要性，讨论石油市场中投资者情绪与有限套利，运用石油市场的异质性主体模型考察不同交易者行为对油价的影响。在国际石油市场分析的基础上，对中国燃料油期货市场进行研究。

绪论部分首先对本书所研究的问题进行简要的评述，通过国际背景、理论依据和现实意义三个方面总结当前石油市场特征、当前和历史的石油价格波动，以及石油市场交易者行为对油价影响，并对石油与现代经济发展之间的关系做出初步描述。接下来，提出本书研究的思路、研究内容、研究方法及结构安排，以及创新点和需要进一步思考的问题。

1.1 问题的提出

石油作为全球核心能源，被誉为“现代工业的血液”。20世纪70年代的两次石油危机，迫使西方国家开始重视石油对经济发展、社会稳定和国家安全的作用。随着全球经济一体化的发展，以及全球产业转移的趋势，全球石油生产与消费格局发生巨大变化。国际石油市场已经形成了包括现货、远期、期货等在内的较为成熟、完善的市场体系，石油市场对经济的影响力越来越大，石油价格的内涵与外延也不断地丰富和发展。尤其是，石油期货交易已替代现货贸易成为市场定价基础，国际原油期货价格也成为国际石油价格形成的基准。因此，在石油价格的形成过程中，石油的金融属性日益凸显，并不可避免地作为一种新的金融形态存在于国际能源市场和金融市场中。

1.1.1 国际背景

石油是世界经济中的一个奇特的自变量，以其特殊的性质和广泛的应用范围对现代社会具有极其重要的意义。石油的可获得性以及价格水平在一定程度上影响着全球产能、经济增长速度以及通胀水平，因此，石油价格波动具有重要的宏观经济影响。在20世纪的两次石油危机中，油价的大幅上升对石油消费国造成了较大的经济挑战，使其面临经济增长放缓的同时引发通货膨胀（Hamilton，1985）。

根据国际石油价格的上涨与下跌特征，可以将第二次世界大战以来的油价走势划分为四个波动周期：1946～1981 年的低油价到高油价周期；1981～1997 年的高油价到低油价周期；亚洲金融危机后至 2006 年的低油价到高油价周期；2007～2008 年金融危机爆发后的高油价到低油价周期。其中，2003～2008 年的国际石油市场经历了自 1861 年有油价记录以来最长的一轮上涨周期。国际油价在 2003～2004 年，用了不到 1 年的时间从 15 美元/桶翻番至 30 美元/桶左右，而后又在 2004～2006 年的 3 年时间内翻番至 65 美元/桶左右，并在 2006 年 7 月达到 78.4 美元/桶。2007 年开始，油价从 50 美元/桶一路上涨，2008 年 2 月，油价首次冲破 100 美元/桶大关，5 月又突破了 120 美元/桶，7 月 11 日，WTI 原油期货盘中最高冲至 147.27 美元/桶，5 年内油价飙涨了 6 倍之多。此后，由于全球性金融危机的爆发，全球经济步入衰退，国际油价随之快速下跌，到 2008 年 12 月，已跌至 40 美元/桶以下。

对于石油价格的这种异常波动，不禁要问国际石油市场为什么会持续长达 5 年的空前大牛市？单凭石油市场的供需变化会对价格产生这么大的影响吗？

回顾这 5 年，石油市场确实发生了很大的变化。世界石油消费的快速增长、OPEC 产能的持续短缺、石油加工能力尤其是高硫原油的脱硫工艺严重不足、美元的持续贬值，以及时有发生的地缘政治动荡和自然灾害破坏等，但这一切似乎不足以解释油价的急剧上涨下跌现象。如果不是全球范围的经济危机的发生，即便这些因素都得到改善，油价也不见得会回到 40 美元/桶的水平。因而，我们需要进一步思考在市场基本面因素的背后，是否还有更深层次的金融因素左右着油价呢？

传统经济学理论利用石油的商品属性，从供给和需求两个方面解释其价格波动的特征，将油价波动看成是石油市场供需关系的反映，并将供给（生产）和需求（消费）因素作为决定国际油价的基本面因素。但是，我们必须看到，20 世纪 80 年代中期以来，随着石油期货市场的建立和发展，国际石油市场的定价机制和贸易方式均发生巨大改变。在经济全球化和石油金融化的背景下，国际石油金融市场得到了迅速发展，并形成了以纽约商品交易所（NYMEX）和伦敦国际石油交易所（IPE）为中心的国际能源衍生金融产品交易市场。大量金融资本进入石油市场，石油市场参与者对借助金融工具规避石油价格风险的需求越来越强烈，石油期货市场作为国际金融市场的一部分越来越受到投资者的青睐。石油价格的波动也在一定程度上表现为一种金融现象和货币现象。因而，当石油市场出现过度的投机行为时，将会导致国际石油价格逐渐脱离供需基本面，其剧烈的波动甚至会严重干扰国际经济的正常运行。

从历史上来看，石油价格发生大幅上涨时，往往是政治因素发挥主导作用，如 1973 年和 1979 年的两次石油危机时，油价从 3～5 美元/桶一跃至约 15 美元/桶的水平，然后又持续上升至 30 美元/桶以上。与 20 世纪 70 年代所不同的是，当时 OPEC 国家的市场控制力较强，而现今美国因石油美元的缘故，其在石油市场中占主导地位。美国拥有遍布全球的石油公司、完善的石油库存信息以及全球最为发达的石油期货市场，而这足以引导石油市场的格局和石油价格水平。

自 1860 年石油正式进入人们的生产生活以来，国际石油市场经历了垄断与竞争的几次反复过程，市场参与者的数量和类别都在不断增加，石油市场的规模也不断扩大。尤其是近 20 年石油市场与金融市场紧密结合后，市场参与者除了从事与石油相关行业的生产者与消费者外，金融投资公司、投资银行、各种基金（对冲基金）等都以不同的方式进入石油市场。以对冲基金、商品指数基金为代表的，有别于传统机构投资者的非商业交易者呈现出高速发展的势头，其资产规模迅速扩大，投资绩效稳定。他们大举进军国际大宗商品市场，尤其是以石油为代表的能源衍生品市场，大大增强了基金投资在国际石油市场的影响力。

目前，全球三大代表性的石油期货交易所，纽约商品交易所、伦敦洲际交易所及迪拜原油交易所，集中了全球绝大部分石油期货交易，掌握着国际石油的定价权。石油期货市场的存在，使石油成为一种具有投资价值的商品，尤其是在其他的投资产品（股票、债券和房产等）收益预期下降时，石油的投资价值进一步凸显。当前的国际石油市场已不再是简单的实体经济中的货物交易市场。经济因素变化是影响石油价格波动的基本原因，而金融因素则往往扩大了石油价格波动的幅度和频率，石油价格波动也日益偏离供求关系而趋于金融化。

根据标准金融理论，在有效市场中，投资者在长期无法战胜市场，不可能获得长期超额收益，但是，现实石油期货市场中，商品指数基金正是通过长期持有石油期货多头头寸，进行展期（Rolling）交易获得收益。这与标准金融学中的“有效市场假说”相抵触，因此，可以认为传统的供求框架已无法解释当今的石油市场及其价格波动，标准金融学的模型或理论已不能够像过去那样为研究石油市场提供科学、可靠的依据。

1.1.2 理论依据

国际油价波动机制经历了十分复杂的演变过程，关于石油市场和石油价格的研究也非常之多，但关于问题出现原因的解释却不尽相同，对于油价的波动规律也尚无完善的分析框架。目前学术界主要有两种观点：一种认为石油的供需的基本面因素推动油价涨跌；另一种则将油价的大起大落归咎于投机炒作。首先，一些学者认为石油市场基本面和来自经济快速增长的发展中国家对石油特殊需求的增加是油价波动的主要原因（Helbling and Cheng，2008；Hamilton，2009a，2009b；Kilian，2009）。他们认为一些大的发展中国家经济已经快速增长了多年，快速工业化和较高的商品需求增长，以及人均收入的大幅增长，使其对石油需求急剧增加。其次，一些研究指出市场投机是大宗商品价格上涨的原因。Lombardi 和 Van Robays（2011）研究发现短时间内期货市场中的投机交易会极大地影响石油现货价格。

20 世纪 80 年代以来，越来越多的研究表明现实的金融活动中很多现象与标准金融理论不符。有效市场假说理论是建立在“理性人”假设的基础上，而在实际经济活动中，行为人不可能完全按照理性原则处理问题，“理性范式”对于实际经济活动解释力是有限的，有效市场假说理论并不适用于石油市场。行为金融学则从全新的“行为范式”，以行为人的非理性或者有限理性为假设，分析投资者在不确定条件下的决策模式，以及其对市场的影响。从行为金融角度来看，石油市场供需平衡的决定条件或者市场交易者相应策略的选择，都不是简单地利用市场机制作用或理性的经济参数。市场中的非理性投资者或者噪声交易者（Noise Traders）并不知道真实的或完全的信息，而根据自己获得的片面甚至是错误的信息来判断和选择未来的行为。Shleifer 和 Summers（1990），以及 De Long 等（1990）的研究进一步显示，如果噪声交易者长期持有大量资产份额，对资产价格的影响会超乎想象。

根据有效市场假说，资产的价格应遵循“随机游走”，价格是其内在价值的无偏估计，投资者在任何时候都无法通过可获得的信息实现超额收益。但是，在日益金融化的石油市场中，噪声与信息会同时存在。正如 De Long 等（1990）所指出噪声可能是市场参与者的错误判断，也可能是人为制造的虚假信息，而与投资资产的价值无关。但部分投资者仍无法分辨这些信息是否与资产的内在价值相关，仍把它们作为有用价值。因此，可以将石油市场的参与者分为信息交易者和噪声交易者。假设信息交易者不会受到认知偏差的影响，其行为符合 CAPM 原则，关注的是预期回报及其组合方差。但噪声交易者是非理性的，往往会犯认知错误，不会按照 CAPM 进行投资决策。因此，有效市场中仅有信息交易者，且交易者具有同质性和理性。实际石油市场并不符合这种条件，噪声交易者会与信息交易者进行市场交易的博弈。作为风险厌恶者的理性交易者，在价格偏差初期时极可能会放弃套利机会，这反而使噪声交易者获取高于理性交易者的收益，与此同时，在“羊群”效应的作用下，促使更多的交易者成为噪声交易者，进而使石油价格进一步偏离其基本价值。正如美国商品期货交易委员会（CFTC，2008）报告所述，在 2008 年的石油价格暴涨时期，投机商持有的多头头寸远远高于正常的贸易商，而当价格达到高位后，投机商又反手做空，仓位的巨幅改变导致市场价格波动被急剧放大，严重影响石油市场的正常运行。因此，在现实市场中，当噪声交易者的力量超过理性套利者，即使理性套利者开始实行套利，已无法校正价格，价格会进一步偏离，噪声交易者将在一段时间内主导市场，理性套利者遭受损失，导致市场的非有效性。

近年来，石油市场中出现的“异象”很难用标准的金融学理论来充分解释，尤其是大量资本进入石油期货市场后，石油市场所表现出来的金融“异象”。实际上，2003 ~ 2008 年，石油价格与石油期货市场金融参与者数量是同步上升的。而在过去 10 年，无论是在商品交易所还是场外交易，与石油相关的金融衍生品的交易量都大幅上升，金融交易者（非商业交易者）的持仓量增长迅速。

1.1.3　现实意义

首先，传统金融学理论无法解释 2003 年以来的国际石油价格急剧波动。随着越来越多的石油交易是通过金融市场来完成的，石油市场与金融市场的联系空前紧密且高度一体化。石油在具有了金融属性后，期货市场上的价格波动就不可能完全真实地反映实体经济对石油的商品需求。

国际原油市场一般用50天的价格波动率来衡量原油价格的稳定性。如图1.1所示，2008~2009年，原油价格50天波动率曾一路冲到创纪录的108%。2003年是国际石油期货市场的明显拐点，石油市场步入了长达5年的大牛市。在这轮上涨周期中，最大的投机者是商品指数基金。与传统投资者买卖期货合约不同，指数投机者只买进不卖出，吞噬了市场的流动性。2008年下半年油价急跌，除了油价泡沫破裂后所造成的油价偏低外，期货市场中的大量资金抽逃，造成的石油期货合约本身的供大于求，因此OPEC的一再减产也没能遏制住油价迅猛的跌势。总之，2003年以来的油价大起伏不能简单地理解为市场供需状况的反映。所以跳出标准金融学的框架，从行为金融学的视角，全面地、深入地研究国际石油市场的投资模式，分析石油价格的市场价值与决定，在理论和实践中都具有深远意义。

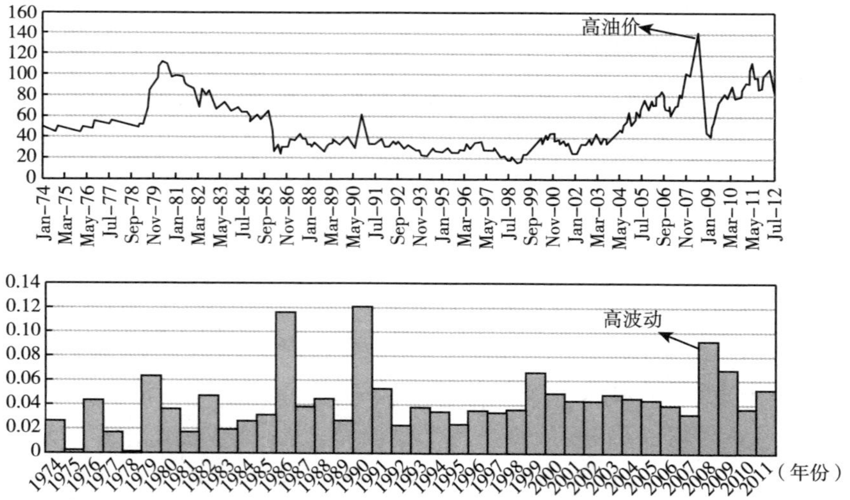

图1.1 实际石油价格与油价波动率

资料来源：美国能源信息署（EIA）。

其次，中国作为目前世界上第二大石油消费国，半数以上的石油依靠进口，但是，在国际石油市场上只有“中国需求”却没有“中国价格”。石油价格的剧烈波动成为中国能源安全和经济安全的隐患，中国不但要承受能源安全的巨大压力，而且在国际石油市场上处于严重的、被动的价格接受者的地位。此外，在国内外石油市场波动传导存在显著的波动溢出效应的情况下，国际油价的波动对国内油价具有绝对的导向作用，国际油价的波动将会很大限度地影响我国油品及其相关生产资料的价格，甚至影响整个宏观经济运行（魏巍贤和林伯强，2007）。因此，在中国石油依存度不断提高的情况下，国际石油供给价格的合理性是中国经济能否保持持续稳定发展的关键。站在“十二五”规划开局的起点上，我们应以更加理性的态度，面对国际石油价格的频繁波动，只有弄清国际油价的波动机制，深入认识国际油价波动的原因，才能实现国家发展资源的优化配置，才能在一个较长的时间周期内，以合理的成本可持续地获得经济增长必需的能源供应，并有效地采取预警措施，最大限度地平滑石油价格波动周期与我国产业经营周期不协调而给实体经济带来的系统性风险。

最后，为了应对国际市场上油价剧烈波动带来的风险，保障我国的石油安全，2004年8月中国证监会在上海期货交易所推出了中国首个石油期货品种——燃料油期货。从目前石油衍生产品市场的发展来说，随着国际石油市场与国际金融市场关系的日趋紧密，国际金融投机资本不断介入国际石油市场，使石油价格在一定程度上摆脱石油市场供求关系的束缚，呈现出金融特性。因此，在石油“金融属性”不断提高的情况下，国际石油市场的价格发现功能和风险规避功能能否得到充分体现，以及石油的这种金融属性是否体现在中国的燃料油期货价格上，对完善中国燃料油市场的建设具有重大的参考价值，这也是本书研究的现实意义所在。

1.2 研究思路、方法以及研究内容

1.2.1 研究思路的设计

学术界对于石油市场及其价格的研究主要包括以下几个方面：（1）影响石油价格的因素，包括供需因素、经济因素、政治因素等；（2）石油价格形成与定价方法的研究；（3）石油价格波动对经济的影响分析；（4）石油期货市场与价格风险；（5）原油与成品的关系；（6）OPEC 控制力对国际石油价格影响。其中，前面四点都是以油价波动行为与机理为核心内容，构成了石油市场与石油价格研究的主体。

本书在研究思路方面将从两个方面提出新的研究视角。首先，提出“石油市场金融化”这一概念，包括自外而内的三个层面，石油期货市场、石油期货价格与现货价格、交易者的投机行为。在已有的文献中，大量研究是从石油期货价格对现货价格的传导入手，因为在假设市场有效的条件下，期货价格是未来现货价格的最优估计；还有少量文献定位在石油市场中的投机研究，如 2008 年油价暴涨暴跌是否是投机泡沫的表现。但是，本书经过认真研究认为，对石油市场以及石油价格波动的研究不能局限于传统经济学方法。在石油市场不满足市场有效性的条件下，很多经典经济金融理论不能科学地、合理地用于对石油价格波动的研究。“石油市场金融化”概念的提出，能够充分描述当前石油市场的特性，在前面提及的六点研究内容中，前五点都能涵盖。

其次，本书将从行为金融学的角度展开不同交易者行为对石油价格波动影响的研究。因为市场中的投资者是有限理性的，投资者之间存在异质性，投资者的交易决策受认知偏差和情绪等的影响，如过度

自信、反应过度和反应不足、分散化不足等。通过对这些现象的研究，可以发现与标准金融学理论相比，石油市场中的一些现象和石油价格的走势更加符合行为金融的理念。此外，借助行为金融学的视角，能够更加深刻地理解石油市场中一些以“理性经济人”为假设而无法解释的市场“异象”，并充分认识到石油市场中投资主体的真实行为特征。

在运用行为金融学的理论研究了国际石油价格波动后，将继续运用这一工具研究中国的燃料油期货市场。实际上，在标准金融理论所依据的“理性范式”和行为金融学所依据的“行为范式”之间，中国的期货市场更符合“行为范式”，因而从行为范式的角度研究国际石油市场对中国的期货市场具有很大的参考价值，这也是本书的落脚点。

1.2.2　研究方法的选择

本书充分运用了规范研究和实证研究相结合的方法。在对石油市场金融化的三个层面研究以及不同交易者行为对油价波动的影响分析中，均借助行为金融学的原理和方法进行理论分析，同时采用实证研究方法，通过大量定量分析，对前述的理论探讨予以证明。实证研究的方法主要有均方预测误差、基于符号约束的 VAR 模型、马尔科夫转移模型等。在定量分析中，本书还用了比较研究的方法，通过大量的经验数据，包括石油价格、石油供需量、石油存货等数据，对比不同历史时期的石油市场特性和石油价格的特点。

1.2.3　研究内容与结构安排

本书力图透过石油价格波动的现象剖析油价的本质，重新审视石油作为自然资源的商品属性，以及作为金融资本投资对象的金融属性。从石油市场基本面和非基本决定价格机制，以及市场参与者的交易行为入手，探讨油价大起大落的原因，分析市场基本面因素和金融化投机在油价剧烈波动中扮演了什么样的角色，对石油价格波动给出一个合理的解释。

本书共分九章。第 1 章概括本书的选题背景、研究思路、研究方法和内容，以及创新点与不足。

第 2 章梳理与本书研究相关文献，总结已有文献研究的成果与不足之处，在此基础上提出本书的研究内容与思路。

第 3 章介绍与本书研究相关的理论基础。行为金融学是本书的理论依据，所包括的内容十分丰富，本章专门就行为金融学中与石油市场相关的部分进行梳理和介绍，比较分析标准金融学中有效市场和理性假设，与行为金融学中行为范式和有限理性的适用性。

第 4 章论述了石油市场及其金融化。从石油价格历史发展入手，将 1861 年以来的石油价格时间序列分为三个区间：1861 ~ 1945 年：运输垄断与市场控制力、1946 ~ 2002 年：地缘政治与石油美元秩序、2003 ~ 2011 年：油价异动与投机力量，分别就三个时间段的油价走势特点进行深入讨论。接下来，从石油供需矛盾所决定的石油金融属性，以及由期货市场主导的石油定价体系来考察国际石油市场的金融属性。并在此基础上，讨论国际石油衍生品市场的构成与发展，建立石油期货价格和现货价格之间的联系，利用期货预期模型对未来现货价格进行预期估计，以判断石油期货市场的有效性。

第 5 章基于石油市场基本面和金融化投机来分析油价的动态行为。首先通过对石油存货模型的分析讨论，指出在石油市场日益金融化的今天，传统的经济理论已不能完全可靠地解释石油市场中“异象”。在此基础上，进一步引入行为金融理论，从市场中投机行为、过度交易和市场过度反应，以及油价的短期波动与长期均值回归，对当前石油市场与石油价格波动做出合理的解释。并通过对石油存货模型的改进，利用符号约束的 SVAR 模型对油价进行解析，分析基本面和非基本对油价的影响，进一步证明市场中的投机行为是否导致了油价的异常表现。

第 6 章从行为金融学角度对石油市场中不同交易者的行为进行分析，考察不同的交易行为对油价的影响。石油市场中参与者具有异质性，根据交易行为的不同分为商业交易者和非商业交易者，其中非商业交易者的持仓头寸在近年不断攀升，非商业交易者中的对冲基金、期货投资基金、商品指数基金等是能源衍生品市场的重要参与者。接下来分析石油市场中投资者情绪与有限套利，在此基础上对 De Long 等（1990）的 DSSW 模型进行改进，建立一个适用于石油期货市场中的异质性主体模型，利用时变转移概率马尔科夫模型分析理性交易者与噪声交易者对油价的影响。

第 7 章根据期货市场出清时，期货合约的总需求为零的条件建立包含套利、套期保值和期货投机交易行为的原油期货价格模型。采用 FMOLS 估计和 Phillips – Ouliaris 残差单位根检验法考察原油期货市场上的三类主体，套利者、套期保值者和期货投机者的市场交易行为与 NYMEX 的不同到期月份的 WTI 原油期货合约价格的动态关系。

第 8 章是建立在之前研究的基础上，将国际石油市场的分析方法应用于中国燃料油期货市场。考察中国燃料油市场现状，检验中国燃料油期货市场的有效性，分析中国燃料油市场中的行为范式以及行为范式下的潜在风险，并提出完善相关监管措施。

第 9 章是总结与展望。本章分析了目前石油市场存在的一些“异象”产生的原因，总结了市场中异质性投资者的交易行为对石油价格波动影响，并对我国燃料油期货市场的行为范式进行分析，以及未来发展做出了展望。

本书的研究技术路径如图 1.2 所示。

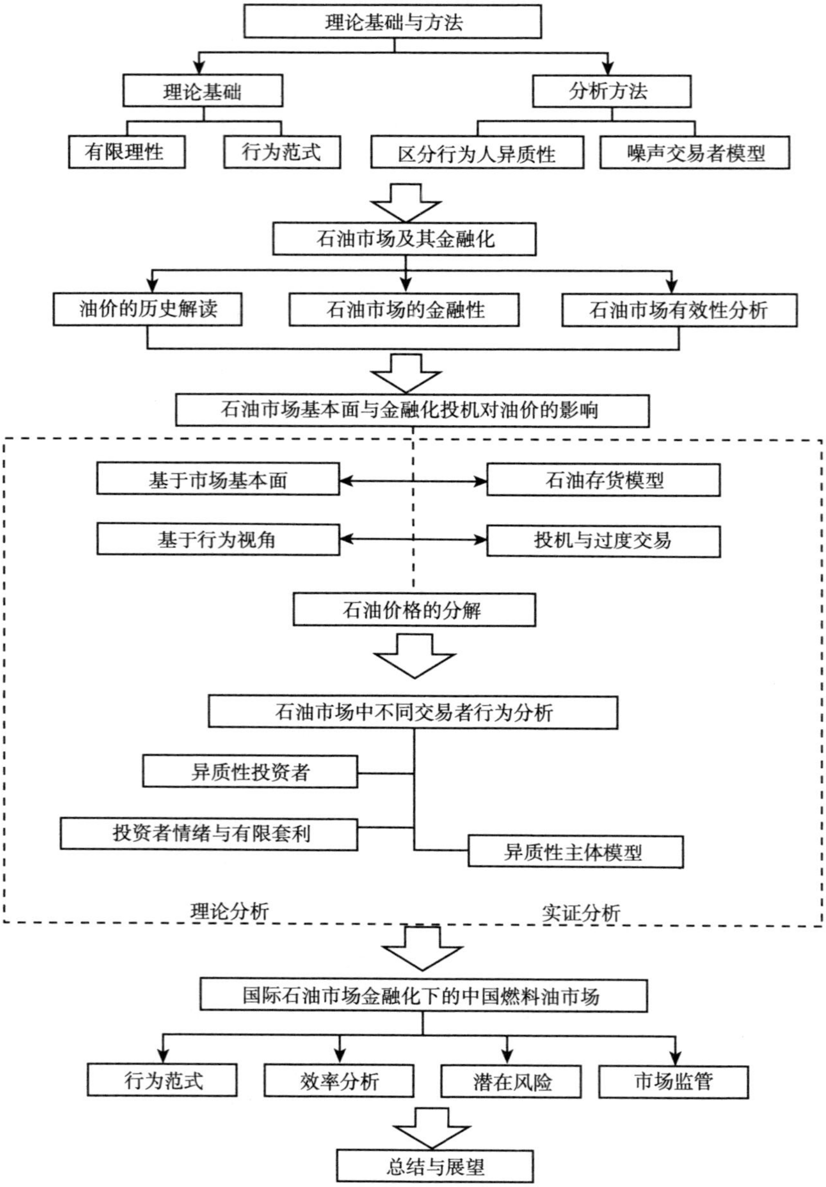
理论基础与方法
理论基础
分析方法
有限理性
行为范式
区分行为人异质性
噪声交易者模型
石油市场及其金融化
油价的历史解读
石油市场的金融性
石油市场有效性分析
石油市场基本面与金融化投机对油价的影响
基于市场基本面
石油存货模型
基于行为视角
投机与过度交易
石油价格的分解
石油市场中不同交易者行为分析
异质性投资者
投资者情绪与有限套利
异质性主体模型
理论分析
实证分析
国际石油市场金融化下的中国燃料油市场
行为范式
效率分析
潜在风险
市场监管
总结与展望

图 1.2　研究技术路径

1.3　本书创新点与不足

目前针对国际石油市场及油价波动的研究文献较多，但这些研究主要是从传统经济学角度展开的，较少涉及石油期货市场，即使有所研究，其研究对象和研究方法存在不同程度的漏洞。与传统经济学理论相比，石油市场的表现更符合行为金融学理念。因此，利用行为金融学的理论进行研究分析，能更好地理解石油市场中投资模式及石油价格的波动性。具体而言，本书在借鉴前人的研究成果的基础上做出一些创造性的工作，主要体现在以下几个方面：

第一，从研究主题来看，虽然研究石油价格的论文众多，但本书以石油市场金融性下的价格波动为研究主题，从行为金融学视角来研究石油市场交易者行为对价格的影响，目前国内研究并不多见。

第二，传统的金融学理论不再适用于当前的石油市场，更不能用了解释 2003 年以来的石油市场中的“异象”。本书根据石油市场现实情况，以行为金融学为指导，基于基本面和行为视角分析石油价格的动态，考察基本面因素和投机因素对油价形成的相对重要性。

第三，利用行为金融学的异质性主体模型分析石油市场中不同交易者行为对油价的影响。在对石油市场中投资者情绪与有限套利的分析基础上，将马尔可夫区制转移模型应用到石油期货市场，并分析石油期货市场参与者的异质性，构造关于异质性主体和石油期货价格的模型，分析其参与石油市场的行为，以及对油价波动的影响。

本书仍存在一些不足之处。由于行为金融学理论涵盖范围很广，本书仅是从有限理性和行为人异质性两个方面展开对石油市场金融属性和石油价格波动的分析。还有很多行为金融分支内容没有涉及，如价格惯性、分散化不足等。后续研究很有必要从全面的行为金融学视角出发，系统地研究石油市场金融性问题。

石油市场金融化
对油价波动的
影响研究

Chapter 2

第2章　文献评述

石油作为一种基础能源产品，约占全球能源消费的40%。因此，石油对于现代经济生活意义重大，石油价格的波动牵涉面广，历来受到各界的广泛关注。自20世纪70年代以来，有关石油价格波动对经济影响的各类研究一直是经济学研究的热点和难点问题。世界许多研究机构、国际组织和学者们都对石油价格冲击及其影响问题进行了深入研究，并取得了大量有价值的研究成果。

早期的研究发现石油价格冲击对于经济运行具有重大影响。针对20世纪80年代以前石油价格冲击影响的计量分析显示，单一性的油价冲击是预测经济衰退的充分统计量，显示出石油作为“工业血液”的重要性，其对消费和投资行为的影响不容忽视；后续的研究发现油价冲击对宏观经济运行的影响具有明显的非对称性，即油价的上涨与下跌的经济影响是不对称的，油价上涨对经济影响的程度要大于油价下跌的影响程度。与油价冲击影响非对称性相联系的是石油价格冲击与宏观经济的关联性问题，长久以来油价冲击与宏观经济运行（尤其是经济增长）的关联性问题折射出理论研究与实证研究无法调和的两难处境。一方面，尽管存在油价冲击影响的非对称性现象，但普遍的观点还是认同实证上油价高涨对经济运行具有显著的负面影响；另一方面，从石油消费仅占GDP约5%的比重来看，石油作为生产与生活的一种投入品，应该不至于对整个经济运行产生太大的负面冲击力。理论界为了对油价冲击经济影响的复杂性进行解释，研究者开始注意油价冲击的内生性，以及由此而导致的对油价冲击影响力的重新解释，典型的研究成果是有关油价冲击与货币政策相互作用的理论研究，以及针对石油价格波动与美元汇率变动相互关系的理论成果。

2.1 石油价格冲击对经济的影响

2.1.1 石油价格冲击对经济的不对称影响

长久以来，研究者观察到石油价格的波动对经济运行的影响具有非对称的特征。所谓油价冲击对经济的非对称影响是指，油价波动的不同形式（如名义油价或实际油价的上涨与下跌、油价的净涨跌等）① 对宏观经济变量具有不同性质和不同程度的影响。简单而言，油价的上涨与下跌对宏观经济影响的程度是不对称的，油价上涨对经济影响的程度要大于油价下跌对经济的影响程度。

Hamilton（1983）在考察名义石油价格的对数变化对实际产出的影响时，发现在 1973 ~ 1980 年石油价格冲击对产出有显著影响，但影响程度远不如 1972 年以前大。Loungani（1986）是最早提出油价与经济运行非线性关系的学者之一，他认为由于生产要素在不同部门之间的重新配置可能面临高额的调整成本，从而出现油价上涨和油价下降对总产出具有非对称的影响。

从文献发展来看，有关石油价格冲击对经济影响的非对称性的研究在 20 世纪 80 年代末期得到很大发展，起因是开始于 1986 年的国际原油价格的显著下降，没有使工业化国家出现明显的经济扩张，而 20 世纪 70 年代的两次油价飙涨却导致其经济大幅下滑，这种油价上涨与下跌对经济影响不对称性表现得十分明显。这使许多学者把非对称性引入能源价格冲击对经济传导的模型中，Mork（1989）首次从实证研究的角度测量了这种非对称性，表明石油价格冲击对产出有显

---

① 近年来，研究者进一步区分了导致油价上涨原因的不同而可能导致其对经济运行影响的非对称，例如，区分因需求性因素导致的油价冲击与因供给性因素导致的油价冲击，如 Barsky 和 Kilian（2004）。

著的非对称影响，石油价格上升对 GDP 增长有显著负影响，而石油价格下降对 GDP 增长的影响却不显著。Hooker（1996）也指出，石油价格和经济活动之间稳定的线性回归关系在 1973 年以后减弱了①，Balke 等（2002）则建立了一个明确的非对称模型，他们的研究表明油价上涨能够降低 GDP 增长，但油价下降则对产出的影响微不足道。

针对“油价冲击的非对称性影响问题”，Hamilton（2003）采用所谓“净石油价格的增长”（Net Oil Price Increase，NOPI）来表示石油价格冲击，具体做法是：如果当期石油价格超过本年最高价格，那 NOPI 就为两者之差，否则 NOPI 为零。他研究发现，石油价格变化（NOPI）和产出增长之间再次出现稳定、显著的回归关系，但是，由于 NOPI 实际上是对石油价格的变动进行了非线性变换，因此，尽管 Hamilton 的研究重建了油价冲击与经济增长之间稳定的回归关系，但这种关联性是一种非线性函数，从而也给模型的解释性和现实的针对性带来困难。

Barsky 和 Kilian（2004）对美国汽车销售的分析表明，美国在 1974 年、1979 年和 1990 年的石油冲击之后，汽车销售确实有所下降，但下降的幅度非常小，而且在石油冲击发生之前就已经开始下降。同时，他们的研究还注意到 1980 年、1999 年以及近几年的油价上涨几乎没有引起汽车销售任何明显的趋势性变化。基于这种观察和研究，Barsky 和 Kilian（2004）进而提出油价上涨的不利影响主要是货币政策操作失误导致的，货币政策当局面对短期内油价大幅上涨往往采取紧缩货币的措施，从而对经济运行产生负面影响，而面对石油价格下跌货币政策往往是听之任之。Barsky 和 Kilian（2002，2004）强调货币膨胀是造成 1973 ~ 1974 年石油价格上升的主要原因，甚至石油冲击本身在很大程度上也是由于过于宽松的货币政策所产生的内生结果。

---

① 自 Hamilton（1983）的研究以来，主流研究都是将 GDP 的增长率作为被解释变量进行回归分析，解释变量包括经过对数变换以后的国际石油价格的变动。

Edelstein 和 Kilian（2007a，2007b）在实证研究中设计了一种检验方法，在控制和保证价格冲击程度保持一致的前提下，实证检验了价格冲击对非住宅固定投资的影响是否具有非对称性。按照他们的研究设计，对称性意味着能源价格上涨的脉冲响应函数与能源价格下跌时的脉冲响应函数应当在水平加总后为零。但是他们的研究表明，针对一组完整的消费总量及其各分量的月度数据进行的实证检验显示：在任何情况下，对称性的零假设都被拒绝。

2.1.2 石油价格冲击与宏观经济运行相关性的强弱变化

与油价冲击影响非对称性相联系的是石油价格冲击与经济增长的关联性问题。长久以来，油价冲击与经济增长的关联性问题导致了理论研究与实证研究无法调和的“两难”处境。一方面，尽管存在油价冲击影响的非对称性现象，但是，学术界普遍的观点还是赞同实证上油价高涨对经济运行具有显著的负面影响；另一方面，从石油消费占整个经济的比重来看①，石油作为现代经济生产与生活的一种投入品，应该不至于对整个经济运行产生前述实证研究得到的那种负面冲击力。因此，从理论与实证研究的实际发展来看，石油价格冲击与经济增长关联性研究的复杂性，一方面，表现在以理论建模为主的有关研究一直试图通过模型构建、理论推导产生出足够显著的冲击影响；另一方面，伴随前述针对油价非对称性影响研究的深入，实证研究发现近年来油价冲击与经济增长之间的相关性却在减弱。

关于油价冲击与宏观经济运行相关性的分析，Barsky 和 Kilian（2000）针对普遍认为石油价格冲击导致通胀压力加大的推理分别就 CPI 指数和 GDP 缩减指数与油价波动进行了分析，他们的研究发现油价冲击一般都引起 CPI 指数的剧烈变化，但对 GDP 缩减指数的影

① 以美国为例，石油消费占 GDP 的比重大约为 5%，发达国家的有关比例在 4% ~ 7%。

响却小得多。Hooker（2000）的同期研究也表明，美国 1981 年以前的核心通货膨胀率在很大程度上是石油价格冲击所导致的，但对 1981 年以后的影响有限。

在油价冲击与经济增长的关联性研究上，Hamilton（2003）分析了 20 世纪几次主要石油危机发生前后、美国经济陷入衰退后 GDP 出现的下滑情况。1973 年 11 月（阿以战争），美国实际 GDP 下降 3.2%；1978 年 11 月（伊朗革命），美国实际 GDP 下降 0.6 个百分点；1980 年 10 月（两伊战争），美国实际 GDP 下降 0.5%；1990 年 8 月（海湾战争），美国实际 GDP 下降 0.1%，数据显示油价冲击对经济的影响呈日渐减弱之势。Hamilton（2005）对美国 1949 年第二季度至 1980 年第四季度的 GDP 增长数据进行计量分析，结果表明作为解释变量的滞后 4 期的石油价格的系数为负并且统计显著（t 检验为 -2.4），F 检验拒绝滞后油价系数全部为零的原假设，p 值为 0.005，这表明油价与经济增长存在显著的负向相关关系。作为对比，Hamilton（2005）利用截至 2005 年第二季度的数据重新进行了估计，得到结果则显示尽管滞后 4 期油价的 t 检验依然显著，但 F 检验却无法拒绝所有滞后 4 期的系数都为零的原假设，p 值为 0.11，这也就意味着加入近几年的数据后，油价与产出的相关关系已经不如此前显著。①

Blanchard 和 Gali（2007）以 1984 年作为分界点，将研究的时间区间分为前后两个阶段而对石油冲击与宏观经济的关联性进行了对比研究。他们的研究表明，1998 年以来国际石油价格无论是以当期美元计价还是以不变价格计算其上涨幅度都远远超过 20 世纪七八十年代的涨幅，但是石油价格与经济增长以及通货膨胀的关联性却降低了，其冲击力显著减弱。就美国而言，1984 年以前石油价格上涨 10%，8 个季度后的通货膨胀脉冲响应最高（约为 0.6%）；1984 年

① Hooker（1996）曾提出：GDP 增长率与石油价格滞后变量间的对数线性关系的显著性会因加入更多的数据而下降，Hooker 认为这就意味着这种线性关系是不稳定的。

以后的通货膨胀响应弱化为4个季度后达到最高（约为0.3%）；8~10个季度后的产出响应弱化为约0.3%。针对G7、欧盟12国、OECD的研究也得出了类似的结果。

2.2 石油价格波动对支出的影响

类似于经济理论早期对其他外生性冲击的研究，较早的研究成果一般都倾向于将油价冲击定义为供给性冲击，或者作为一种生产技术冲击，用动态随机模型来解释和测量石油价格冲击对经济的影响。随着理论研究的深入尤其是理论界对油价冲击本身认识的加深，近年来学术界逐渐对石油价格冲击影响经济的主要传导渠道有了一致理解，即油价冲击主要通过影响整个经济体系对于商品和劳务的需求来影响经济运行。

2.2.1 消费支出

Hamilton（2005）通过引述大量的实证研究文献后总结得出：石油价格冲击与经济衰退之间的关系并不仅仅是一种统计学上的巧合，它们之间的关系具有明确的理论基础和显著的实证证据。他指出石油价格冲击主要是通过影响消费者和企业支出来影响经济运行。依照这种观点，由于企业可以根据具体情况调整其生产计划，能源价格的上涨导致总需求的减少以及支出的转变，这反过来又会引起整体经济的连锁反应。类似的理论逻辑和研究结论也出现在许多相关研究成果中，如Bernanke（2006b）也强调石油价格上涨主要是通过影响消费支出来降低经济增长速度。

通过对大量文献的考察，我们发现可以把石油价格冲击对消费支出的影响进一步细分为直接影响和间接影响。而直接影响主要有四个机制：第一，高油价使相对收入下降，意味着消费者用于支付石油消费账单的钱将减少。第二，与不确定条件下的投资决策相联系，Bernanke（1983）和 Pindyck（1991）都指出，石油价格的改变可能造成未来油价走势的不确定性增大，因此消费者暂时搁置对不可逆的耐用品的支出。第三，当消费者通过动用其储蓄来应对油价高涨时，即使购买决策是可逆的，按照不确定性下的有关投资决策原则，由于消费者对耐用消费品的购买类似于企业的投资行为，因此不确定增大将扩大消费者消极等待的决策区域，从而降低消费者对耐用品的消费并可能对整个消费项目都造成影响。第四，一旦出现油价冲击，那些原本拟购买耐用消费品的家庭可能推迟甚至取消耗能型耐用品的购买，转而购买那些节能产品。

石油价格冲击也会间接影响消费支出的组合形式。例如，Davis（1987）和 Hamilton（2005）强调不确定性和操作成本的影响都能够导致支出形式发生改变，从而出现支出在整个经济部门间发生转移。Hamilton（1988）指出，当油价上升时，消费者会推迟或取消新车购买计划；但当油价下降时，消费者并不一定会购买第二辆汽车。他在研究中提出了一个部门转移模型，模型研究表明，石油冲击引起油价上涨使人们减少对高油耗商品（如汽车）的购买，并引起相关产业的生产要素发生跨部门移动。这个模型的传导机制是：一方面，油价上涨会降低与汽油成本有很大相关性的商品的销售量；另一方面，需求的转移会引起劳动力跨部门的重新转移，如果这种劳动力跨部门转移的成本很高，就一定会使总产出下降，并进而出现明显的经济衰退。

Kilian（2007b）通过研究指出，由于消费支出占到美国国内生产总值（GDP）的约 2/3，其中，汽油价格的上涨是导致其他商品支出减少的重要因素。近年来，受高昂油价的影响，美国人在汽油上的支出逐年增多，因而在其他商品上的消费就被迫降低。与此同时，不断上涨的石油价格对美国消费者心理的影响也是巨大的，高油价增加了居民的额外生活支出，从而抑制了居民的消费欲望，消费者的购买力减小、社会失业率增加。Edelstein 和 Kilian（2007）就石油价格冲击对消费支出的影响分成几个部类进行了详细分析，他们的研究借助脉冲响应函数反映了能源价格每增长 1% 后，各消费项目支出受油价冲击的变化。结果发现：能源价格上涨 1%，会导致对汽车和汽车零部件的消费显著下降 0.76%；游艇消费 18 月后下降 1.25%；对私人飞机的消费下降了 1.05%；对跑车消费在短期内急剧下降，约下降 1.58%。由于石油价格的冲击使人们用于其他耐用品的消费支出受很大影响，如对家电、电脑、家具、视频音频设备消费支出减少。Kilian（2007b）的研究还显示：受到能源价格冲击影响，消费支出的改变往往是超出人们想象的，如数据表明餐饮和住宿行业与航空业、汽车业一样都受到了明显的不利影响。

2.2.2 投资支出

Hamilton（2005）指出，石油价格冲击不仅降低消费支出水平、改变消费支出结构，同时也对企业投资产生明显影响。石油价格冲击对非固定资产投资的影响主要有两个渠道：一是石油价格上涨增加了边际生产成本——“成本渠道”的影响程度取决于石油占生产成本的份额；二是为应付石油价格冲击，居民消费支出下降必然减少对企业产品的需求，这类研究的典型包括 Herrera（2007）利用二次线性库存模型在考虑消费者需求变化的前提下就油价冲击对企业投资行为的影响进行了分析。

以 Bernanke（1983）、Dixit 以及 Pindyck（1991）为代表的不确定下的投资理论强调：因油价冲击导致的未来石油价格走势不确定性加大，面对不确定性的加剧企业可能暂停不可逆的投资决定。Kilian（2007a）的研究进一步表明：这种不确定性会影响到企业决策的供给和需求两个方面，具体而言，当石油价格上涨时，由于消费需求的减少和更高的能源成本，不确定性的影响会促使企业投资减少；相反，当石油价格下跌时，这种不确定性的影响抵消了由于成本下降和消费需求增加所引致的投资支出的增加，抑制了投资支出。Gramlich（2004）利用结构性计量经济模型分析石油价格冲击的影响，通过价格的变动来反映价格的传递效果（pass through），以解释能源价格上升对实际可支配收入和家庭消费需求的影响，并估算出对于投资支出的影响。

2.3　石油价格波动与国际资本市场

2.3.1　石油价格波动与货币政策

众所周知，货币政策的最终目标是稳定物价、促进经济增长和实现充分就业。石油价格的急剧上升会影响宏观经济运行，导致经济衰退、失业增加以及国内物价的显著上涨。所以在面对石油价格冲击时，货币政策制定者常常陷入“两难”境地，需要在紧缩和宽松的货币政策之间进行权衡。

如前所述，Barsky和Kilian（2004）在研究寻找油价冲击非对称性影响的理论解释时已经针对货币政策与石油价格冲击的相互关系进行了思考和分析。这种关联性不仅拓展了针对油价冲击非对称性的研究，同时也将针对油价冲击的研究引向了一个新的方向：从理论上探讨油价冲击形成的内生性问题，并进而重新思考和构建针对石油价格冲击对经济影响的理论逻辑。

Hamilton（2003，2005）指出，观察战后美国所发生的各次经济衰退可以发现，无一例外的是危机到来以前都不同程度地出现了石油价格的急剧上升，即使是本轮发端于美国次贷危机的美国经济金融危机也不例外。与此同时，研究者也纷纷注意到每次经济衰退之前都伴随着联邦基金利率的提高。因此，石油价格波动与货币政策的关联性问题值得仔细思考。越来越多的研究者认为，从油价波动与货币政策变动的亦步亦趋态势来看，极有可能存在因货币政策变动所导致的油价内生性波动——过于宽松的货币政策和经济增长引发强劲的石油需求，从而导致石油价格短期内出现急剧上涨。同时，政策制定者为遏制油价高企造成的通货膨胀，采取紧缩的货币政策，而货币政策的收紧又进一步放大了油价高企对宏观经济的冲击。

Bernanke、Gertler 和 Watson（1997）通过考察货币政策对油价冲击的反应，分析、比较了石油价格冲击与货币政策冲击对宏观经济的影响，首次明确地提出，相比于油价冲击的影响，内生的货币政策才是引起经济衰退的主要原因。他们的研究表明，根据历次石油价格上涨和货币调整的时间次序来看，一旦出现油价冲击，联储出于控制通货膨胀的考虑通常都提高了市场基准利率。为了验证这种理论逻辑，他们借助 VAR 模型设计了一种实证比较方法：如果假定美联储保持基准利率不变，则由 VAR 模型模拟出的 GDP 产出下降是相当有限的，从而说明油价冲击对产出的负面影响可能主要是因货币政策的内生反应所导致的。

但 Hamilton 和 Herrera（2004）对这一结论提出了两个疑问：第一，美联储是否具有如此强大的货币政策执行能力？第二，Bernanke、Gertler 和 Watson（1997）一文中的估计结果对滞后长度高度敏感，他们可能没有考虑石油冲击本身对产出的滞后影响。如果将滞后长度从 Bernanke、Gertler 和 Watson（1997）的 7 个月增至 12 个月，那么石油冲击本身就开始对产出产生显著影响。

作为对此前研究的改进，Bernanke、Gertler 和 Watson（2004）采用了滞后 4 个季度的样本数据，来回应 Hamilton 等人的质疑。文中首先假定基金利率可以做出内生反应，那么对于 10% 的油价冲击，GDP 则大约下降 0.7%；若假定保持基金利率不变，对于 10% 的油价冲击，则 GDP 大约下降 0.4%。因此，Bernanke、Gertler 和 Watson（2004）得出与 Bernanke、Gertler 和 Watson（1997）相近似的结论，虽然对于更长的滞后期，石油冲击对产出的影响会增加，但美联储对石油冲击的生反应仍具有重要作用。

Carlstron 和 Fuerst（2006）借助于简单的可计算一般均衡模型（CGE）在 Bernanke、Gertler 和 Watson（2004）的基础上，进一步考察了货币政策对石油冲击的内生性反应及其影响。他们的分析结果表明，在面对 10% 的油价冲击，货币政策的内生反应将使产出下降 0.45%（略低于 Bernanke 的 0.7%）；如果保持基金利率不变则仅使产出下降 0.2%（略低于 Bernanke 的 0.4%）；这两种情形估计结果与 Bernanke、Gertler 和 Watson（1997）的结论相似。但是，若美联储的保持基金利率不变的行为被公众预期到，则产出的下降幅度将急剧增加至 0.48%，甚至超出了货币政策做出内生反应的情形。总体而言，Carlstron 和 Fuerst（2006）与 Bernanke、Gertler 和 Watson（2004）的研究都表明：针对石油价格波动出现的内生性的货币政策调整对经济具有重要影响，其对产出的影响甚至超过油价冲击本身。同时，考虑到货币政策与油价冲击的关联性，对油价冲击本身仅作外生的供给性假定显然是过于简单化了。

2.3.2　石油价格波动与美元汇率的相互作用

国际石油交易无论是现货还是期货几乎都是以美元作为计价货币进行交易的，因此美元汇率变动与石油价格冲击存在双向互动关系的判断是相当直观的理解，但是有关的理论研究却发展较晚，早期对石油价格冲击与美元汇率的研究并没有受到重视，包括 Krugman 等人的研究。考虑到美元在相当长时间内仍将作为世界主要储备货币以及大宗商品计价货币的现实，石油价格冲击与美元汇率的相互关系值得深入研究。

Krugman（1983）很早就认为石油价格是汇率变动的一个重要解释变量，但这种关系一直未受到理论界的重视。就油价冲击对美元汇率的影响而言，Krugman 建立了一个包括美国、OPEC 以及其他国家在内的三国模型，通过对每个国家的收支平衡及汇率变动的研究，Krugman 认为一国汇率的变化主要取决于三个因素：第一，该国货币资产在 OPEC 风险资产中所占的份额；第二，该国出口商品在 OPEC 进口商品总额中所占的份额；第三，从 OPEC 进口石油的份额。因此，Krugman 通过分析美元汇率与 OPEC 因石油出口所获财富的关联性而间接讨论了石油价格冲击与美元汇率变动的关系。Golub（1983）也利用资产组合方法建立了一个理论模型，并把石油需求弹性加入理论模型，对石油价格与美元实际汇率变动之间的关系进行研究，Golub 分析的重点是国家与国家之间的资本流动和财富转移与石油价格波动之间的相互关系。

在实证研究方面，Lizardo 和 Mollick（2008）利用 Rapach 和 Wohar（2002）所提出的石油价格对汇率决定的货币模型进行了实证研究，他们的研究显示：油价波动能够较好地解释 20 世纪 70 年代以来美元汇率（相对于不同类型国家，如石油生产、出口国，石油净进口国，非产油国等货币的汇率）的变动，油价与美元汇率的回归结果显著且相当稳定（包括在时间和国别类型两个维度）。一方面，油价上涨导致美元相对于石油出口国的货币贬值，如加拿大、墨西哥、俄罗斯的货币。另一方面，油价上涨也导致非石油生产国货币，如日元相对于美元的贬值。究其原因，他们认为主要是由于一方面石油作为全球使用最为广泛的能源产品，另一方面美元又在国际大宗商品交易中占据主导地位，因此，使用美元来购买石油产品时必然导致外汇市场上美元供给相对增加，从而带动美元汇率向下。

而关于美元汇率变动对石油价格波动影响的研究成果较多，但是，针对此类研究，其中有意义的问题不仅仅是单纯反映美元作为计价货币因其汇率变动而导致油价波动，Carnot 和 Hagege（2004）以及 Alhajji（2004）都强调美元汇率变动因对石油的生产和需求产生影响从而导致石油价格波动的联系机制。具体而言，美元贬值将导致石油供给减少、石油需求增加，其原因可能是由于石油钻探活动与油价高度相关，尤其是中东和拉美国家的石油开采都与以美元计价的石油价格高度相关，美元贬值势必导致这些产油国的石油钻探减少，并降低他们的购买力、引发物价上涨压力。另外，美元贬值可能导致欧洲、日本等国家和地区的消费需求出现增长。因此，美元汇率的变动就不仅仅是计价单位的改变，还会影响到石油供求关系的改变，从而对石油价格的波动产生持续、显著的影响。

2.3.3 石油价格波动与市场不同交易者行为研究

约翰·赫尔（1997）将商品期货合约的交易者划分为三类：套期保值者、投机者和套利者。套期保值者是风险厌恶者，同时是现货市场和期货市场的参与者，往往是商品的供给者或商品的消费者，他们参与期货交易的目的是对冲现货市场上的价格风险；期货投机者则是风险偏好者，不以购买实物为目的，仅对期货合约感兴趣，他们通过价格的波动获取利润；套利者是风险中立者，在两个或更多市场同时买入和卖出合约，套利交易会使不同市场的价格迅速达到均衡，最终套利机会消失。经典的期货价格定价模型根据期货溢价（Contango）和现货溢价（Backwardation）的成因分为仓储成本理论和风险溢价理论两类（Keynes，1930）。Working（1942）在仓储成本理论基础上提出了持有成本假说（Cost - of - Carry Hypothesis），认为期货和现货间的价差或不同到期日的期货合约价差取决于存储（持有）成本、便利收益。持有成本假说解释了为什么期货价格与现货价格在邻近期货交割日能够趋于一致，以及期货市场对现货市场供求关系的调节作用。风险溢价理论则认为期货价格是由投机者对风险的厌恶程度和套期保值者愿意付出的风险补偿的大小的均衡程度决定的。Hicks（1974）在此基础上提出了预期价格模型，认为期货价格应该等于投资者期望的未来的即期现货价格，考虑存在的不确定性风险，调整后的期货价格应该等于预期的未来即期价格的风险折现值。Schwartz 和 Szakmary（1994）利用协整检验 WTI 原油、取暖油和无铅汽油的期货价格与现货价格的关系，认为原油期货市场能够引导现货市场。Silvapulle 和 Moosa（1999）也通过检验 WTI 原油期货和美国原油现货价格之间的线性和非线性因果关系，得到期货价格可以引导现货价格，但是它们之间是相互影响的结论。Ripple 和 Moosa（2007）利用 Garbade 和 Silber（1983）的模型框架对 WTI 原油期货合约的价格发现和风险规避功能进行分析，认为原油期货价格对现货价格的引导作用大于现货价格对期货价格的引导作用，期货市场具有一定的价格发现作用。

在 2008 年金融危机爆发之前，原油价格出现了异乎寻常的飞速上涨，而金融危机爆发之际，原油价格又开始快速回落。对于国际油价的这种走势，各类研究得到的结论不尽相同。相当一部分学者认为投机交易是引起国际原油期货价格大幅上涨和剧烈波动的重要原因（Kaufmann，2009，2011），但是也有一部分学者认为投机活动有助于提高国际原油期货市场的流动性，实现价格发现和风险规避的基本功能，并降低国际油价波动（Harris and Buyuksahin，2009）。

2.4 本章小结

迄今为止纵观学术界关于石油价格冲击经济影响的研究成果，我们不难发现：有关石油价格冲击经济影响理论分析的进展不仅仅是统计、计量实证结果的更新和提炼，更重要的是源于对于石油价格冲击性质认识的不断深入。早期实证研究单纯将油价冲击作为经济增长波动性解释变量的回归分析，都直接或间接地与当时将石油价格冲击作为外生性冲击处理的研究思路有关。近年来的分析表明：石油价格波动的内生性特征不容忽视，以此为前提和出发点的研究已经获得突破性发展，未来理论研究发展的趋势应该是进一步深化油价冲击发生的内生性机制，充分协调理论建模与实证分析结论的一致性。

石油市场金融化
对油价波动的
影响研究

Chapter 3

第3章　石油价格波动分析理论基础与方法

Fama 在 1965 年提出了有效市场假说理论，认为资本市场价格取决于其内在价值，价格充分反映了市场的基本信息，即使市场定价发生偏误，理性的套利者也会将其恢复到其内在价值水平。此后，无数经济学者在此基础上进行扩展性研究，有效市场假说成为标准金融学理论的核心部分。纵观现代经济金融学理论的发展，标准金融学是以“理性人”的假设和有效市场假说为基础，分析行为人的最优投资策略，以及在资本市场均衡状态下各种资产证券价格的决定。标准金融学理论的良好解释力和大量的研究成果使其确立了金融领域的主导地位，但是，到了 20 世纪 80 年代，随着金融研究的深入，越来越多的与经典理论解释不一致的现象出现。这些金融市场中的“异象”使标准金融理论陷入了困境，受到来自理论和实证方面的严峻挑战。这一时期以芝加哥大学的 Thaler 和耶鲁大学的 Shiller 为代表的行为金融理论研究取得突破性进展。

有效市场理论是建立在“理性人”假说的基础上，而实际经济活动中，人们根本就不可能完全按照理性原则处理问题，“理性范式”对于解释实际经济活动的能力是有限的。行为金融试图了解并解释投资者的决策过程，分析有关金融市场活动中行为人的异质性、情绪、认知偏差等对决策的影响。行为金融学认为市场中存在着大量的非理性交易者或者噪声交易者，这类交易者的交易行为会对资本市场造成系统性持续的影响。同时，套利交易并非无成本无风险，当资产发生定价错误时，套利者会因为面临基本面风险、噪声交易者风险以及执行成本，而不会立即进行套利交易以校正错价，导致价格持续偏离合理的基本价值水平。De Long 等（1990）首先将市场中的投资者区分为知情交易者和噪声交易者两类，然后基于两类交易者的不同决策行为来推断噪声对股价的影响。他们认为两类投资者之间存在信息不对称，知情交易者是理性预期的，但噪声交易者是缺乏完整信息的，往往将噪声信息当作是资产标的的基本价值的全部信息，因而做出经常性的错误决策。

本书的研究则是试图结合行为金融学理论中异质性和有限理性的研究，在此基础上进一步考察异质性投资者行为在石油市场定价中的影响。尽管本书的研究是基于行为金融理论，但是由于行为金融理论至今还未形成一个系统的框架，因此，本章将注意力集中放在与本书研究相关度较高的文献。本章的目的是分析比较标准金融理论与行为金融理论的基本假设和方法。首先讨论标准金融和效率理论，即有效市场假设（Efficient Market Hypothesis，EMH），分析该理论的理论和实证基础、贡献、挑战以及局限性。其次，对行为金融理论和方法进行深入的分析和讨论。

3.1 理论基础

3.1.1 理性行为与有效市场假说

新古典经济学和传统金融理论中最基本的一个假设是行为人完全理性，并出于自身利益决策。此外，认为个体在变化的市场中通过积累最优数量的信息定义一组偏好，并最终使其期望效用最大化（Jolls et al.，1998）。理性行为人做出理性决策，需要通过考虑个体偏好后最大化其期望效用。而且，假设效用是总财富的一个函数，投资者总是风险厌恶者（Fisher and Statman，1999）。自 20 世纪以来，已经有无数研究涉及有效市场领域。Louis Bachelier 首先在其论文中将有效市场假设表述为“投机理论”。此外，Alfred Cowles 在 20 世纪 30～40 年代对此做过广泛的工作，他将价格波动表示成随机漫步形式，结果表明专业投资者通常无法超越市场的力量（Shleifer，2000）。今天，我们对有效市场假说的理解是由芝加哥大学的 Fama 在 20 世纪 60 年代开始的。Samuelson（1965）支持有效市场假说并指出市场价格是股票价值的真实体现，Jensen（1967）发表了第一份对积极管理共同基金无法超越市场的研究，Malkiel（1973）则进一步推广了价格波动的随机漫步概念。

有效市场假设的核心构件是基于信息效率。假设定义一个有效的金融市场，该市场价格总是充分反映所有可用信息，而且当新信息成为市场可用信息时，可及时通过价格反应。当这两个条件满足时，市场参与者不能基于已知信息获取经济利润（Levich，2001）。这意味着所有金融参与者均可获得直接的、无成本的、同等数量的信息，建立一个对投资者来说等效的竞技场所——一个公平的游戏过程。因此，证券价格将包含所有可用信息，从而反映市场基本面（Shleifer，2000）。

在有效市场中，任何可用于预测资产标的信息一旦已经在资产标的中反映出来，那么价格只对新的信息做出相应的涨跌反应，但新信息是无法预测的。因此，随着新信息的出现，股价变动是不可预测的，遵循一个随机游走的鞅过程。有效市场假设认为市场不存在无风险套利机会，任何套利机会都会伴随着风险，收益与风险存在替代关系，市场上不可能有“免费午餐”，投资者不可能战胜市场，而应该顺应市场。有效市场假说的成立依赖以下三个逐渐放松的基本假设：

第一，资本市场上所有的投资者都是理性的，投资者可以理性地评估资产价值。投资者可获得关于基本价值的任何信息，当消息利好时，他们会抬高价格，而遇到利空消息时，会压低价格。因此信息能迅速地融入价格中，同时也消除了投资者获利的机会。投资者理性表明投资者只能获得一个平均收益，而不可能获得经风险调整后的超额收益，一个有效市场是由理性投资者所构成的竞争市场的动态均衡结果。

第二，即使存在一些非理性投资者，他们的交易是随机进行的而且交易策略相互独立，因而个人的非理性行为相互抵消，不至于影响资产的价格，也不会形成系统性的价格偏差。

第三，即使投资者的非理性行为并不是随机的，而是相关的，他们在市场中的非理性行为对价格的影响将通过理性的套期保值者消除，使资产价格逐渐趋于其基本价值，从而保证了市场的有效性。同时，非理性投资者在以偏离基本价值的价格交易时，即使理性的套利者不能及时消除这些人对价格的影响，市场力量也会使非理性投资者的财富逐渐减少，以至于不能在市场上生存。因此，从长期来看，竞争的选择和套利的存在使市场有效性会一直延续下去。

以上论据为逐步减弱假设。第一个假设相当理论化，忽略了投资者的异质性。第二个假设区分了投资者性质，但认为一些参与者的非理性行为并不意味着市场无效，因为当非理性投资者是非系统性的，他们可以相互抵消对价格的影响（Shleifer，2000）。第三个假设是基于无套利定理。有效市场假设将套利者定义为能完全理性的预期收益的投资者，也称作“聪明钱”或“理性投机者”（Shleifer and Summers，1990）。因此，投资者是“理性的假设是有效市场假说成立”的必要条件，理性投资者不存在，则市场将不再有效。由于大部分投资者的理性行为，市场总被认为是有效的、完全竞争的市场（Fama，1970）。当市场由理性投资者构成时，投资者的理性预期和理性决策保证了市场的有效性；当市场由交易策略相互独立的非理性和理性投资者共同组成时，理性投资者随机性的交易干预了非理性投资者交易对市场的影响，保证了市场的有效性；当市场由交易相关的非理性和理性投资者构成时，有效的套利交易和理性的市场决策保证了市场有效性（Shleifer，2000）。

对于有效市场假说学术界已有大量实证研究，这些假设已经通过实证结果得到证明（Brealey et al.，2006）。对于有效市场假设检验主要从两个方面入手：一方面，当有关某股票基本价值的信息传播到市场时，股价是否能快速准确地做出反应，将信息的影响体现在价格中。另一方面，如果没有股票基本价值信息的变化，股价也就不会变化，如股票的供给和需求发生变化，而有关股票基本价值的信息没有变化，股价是不会发生改变的。

有效市场假说的两个有力实证预测。第一，当新信息成为公开信息时，将会迅速且正确地纳入证券价格中①。第二，价格必须反映基本面价值，因此价格应只反映关于证券价值的信息，而不是关于证券供给或需求的信息。这个假设的结果是陈旧信息对投资者没有价值，因为他们无法从中获利（Fama，1970）。总而言之，证券价格充分反映了全部可用信息。在有效市场中，市场价格是证券内在价值的最好估计，投资者使用可获得信息无法持续地获得超额收益。Fama（1970）将证券市场的信息分为三类：第一类是历史信息，一般指过去的价格、成交量以及其他公司相关信息等；第二类是公开信息，如红利公告；第三类是内部信息，未公开信息。

根据股票对市场信息的反映程度，定义三种市场有效形式：弱式有效，投资者无法利用历史信息获得超额利润；半强式有效，投资者不能利用历史信息和当前公开信息获得超额利润；强式有效，投资者无法利用内部信息获得超额利润（Brealey et al.，2006）。

在弱式有效市场中，价格充分及时地反映了全部能从市场可获得的所有信息，因此对任何投资者而言，不论借助何种分析工具都无法通过历史信息获得超额收益。在半强式有效市场中，资本市场所有与资产价格相关的公开信息都充分反映在资产价格中，因此对资产价格不再有任何影响，任何公开的信息对投资者而言都不具备获利的价值。在强式有效市场中，所有与资产定价相关的信息，不管是否公开，都已充分及时地包含在资产的价格中。价格反映了全部与公司有关的信息，投资者不可能利用此类信息获得超额收益。强式有效假设与机构投资者有密切关系，因为不少机构投资者在某些时候具备对某一行业或公司内部信息的掌握能力，可以通过基本面分析预测价格的走势。如果市场为强式有效，机构投资者也无法获得超过市场平均水平的收益（Brealey et al.，2006）。

① 在这种情况下，迅速意味着没有人能够从信息中获得收益，正确意味着价格是根据新信息而调整的。

有效市场假说的实证基础主要是围绕着三种市场有效形式，主要是对弱式有效和半强式有效展开的。市场弱势有效一般是进行市场收益率的随机游走检验。Fama（1965）发现股票价格大体上遵循随机游走规律，因此，价格上升时买入股票，下跌时卖出股票的技术性操作策略可以获得超额利润的说法没有得到系统性的论据支持。随机游走认为未来的价格不能根据过去的价格预测，未来价格是相互独立的随机性的波动。此后，许多学者继续对价格的随机游走性质进行检验，例如，Fisher（1966）认为投资组合月收益率尽管存在正相关系数，但不能拒绝随机游走的假设。Bollerslev（1986）提出的条件异方差模型使人们对收益率序列的随机游走检验有了更深入的理解。这些实证检验结果都进一步地支持了市场的弱式有效。半强式有效市场主要是进行事件检验，通过对各类公开信息公布后，证券价格对信息的反应程度和速度。Fama（1970）最早采用事件检验来分析市场对公司相关信息的反映情况。Keown 和 Pinkerton（1981）考察当公司收购的消息发布时，持有目标公司股票所得收益的情况，发现目标公司在被收购的公告正式发布之前，其股价已开始上升；当正式公告发布时，股价迅速上升，目标公司股票持有人获得了超额收益；当公告发布之后，股价并没有继续上升也没有出现下降，这表明目标公司的估计对收购信息做出了及时回应。Scholes（1972）也利用时间分析法发现一些公司大股东间的大宗股票交易对股价没有明显影响。这些研究使人们对市场的认识更进一步，实证结果在信息反映是否迅速取得一致，支持了有效市场假设。

3.1.2 有效市场假说的挑战

有效市场理论是建立在完全理性基础上的完全竞争市场模型。其中有三个重要假设：第一，“理性人”假设。投资者完全理性，他们能够根据自身的理性判断力对证券价值进行估计。第二，随机游走假设。一些投资者在某些时候没有按照理性模式做出选择，由于他们的证券交易是随机行为，而这些随机行为会相互抵消，最终不会对价格产生实际影响。第三，套利假设。证券价格在某些时候偏离其内在价值，理性套利者的理性交易会迅速消除非理性交易者对价格的影响。

然而，在现实世界中，完全理性的人类行为不是普遍现象。人的行为在很大程度上受到自身情绪或特定动机影响，而出现非理性的决策。投资者对市场信息的认知偏差是非理性的首要表现，其次预期效用理论体现了理性行为的特定，但不适用于复杂的实际决策问题。Kyle 和 Wang（1997）就指出，投资者经常过高估计自己信息的准确性，不少投资者仅从表面或短期得出结论，认为公告利润增长的公司值得投资，公告中利润下降的公司不值得投资，实际上，表面好的公司估值早已被抬高，日后的收益不会提升。Poteshman（2001）通过对期权价格波动性的研究，得出投资者在信息公布的近期呈现反应不足而过后反应过度的表现。

有效市场假说认为非理性交易是随机出现的，因此会彼此抵消。但是，非理性行为会受到其他投资主体的影响进一步社会化，在很大程度上体现出从众性和相关性，存在系统性非理性投资行为。Kahneman 和 Riepet（1998）研究发现，投资者的行为偏差是系统性的，并不能因统计平均而消除。当噪声交易者或者跟从他人的决策而决策时，情况更加严重，投资者情绪实际反映了许多投资者的共同判断误差。这种“羊群”效应不仅体现在普通个体投资者，还同样发生在机构投资者身上。因此，投资者的非理性行为不仅会在总体上影响价格，而且会导致价格的系统性偏离，造成市场失效（Shleifer，2000）。

与有效市场假说中的完全套利假设相比，现实市场中的套利行为受到很多条件限制，并面临很多风险。理论上，套利的实现需要套利者找到与套利标的相同或非常相似的资产进行反向操作，然而，实际情况是套利标的很难寻找到合适的替代品，当他们价格发生偏离时，套利者无法进行无风险的对冲操作，只能通过简单的卖出或减持操作获得收益（Shleifer，2000）。假设市场上存在两类投资者：一类是理性投资者，另一类是非理性投资者。要保证理性投资者的套利有效性，首先，市场中的非理性投资者不能太多，否则理性投资者无力通过套利使价格恢复其内在价值；其次，市场允许低成本卖空，否则非理性投资者可以借用卖空机会使价格进一步偏离；最后，套利标的必须为市场中大多数投资者所认同，否则非理性投资者的行为会引起“羊群”效应，当非理性行为力量超过理性行为力量时，价格持续偏离，理性套利者会遭受巨大损失。因此，完全套利很难存在。

通过对金融市场的研究中发现了大量的市场“异象”，这些现象无法用有效市场假说来解释，对有效市场假说形成强有力的挑战。

（1）过度波动之谜。

按照有效市场假说，资产价格是其基本价值的体现，价格的波动应围绕理性预期的实际红利贴现。但 Shiller（1981），Leroy 和 Porter（1981）通过分析大萧条时期美国股票价格的波动，发现实际股息指数只下降了6%，但是股市标普指数却下跌了81%。股市的崩溃与其内在价值之间不存在任何关联。从行为金融学的角度来看，投资者“过度自信”会导致股票价格过度波动。投资者的信息反应超过了理性水平，它会推动价格过度的偏离实际价值。

（2）股票溢价之谜。

Mehra 和 Prescott（1985）提出“股票溢价之谜”，他们通过对美国过去一个多世纪的相关经济历史数据的分析发现，股票的收益率为7.9%，无风险证券的收益率仅为1%，相对应的溢价为6.9%，表明股票收益率远远超过了国库券的收益率。通过对其他发达国家1947~1998年的数据分析发现，股票同样存在不同程度的溢价，而股票的这种风险溢价无法用标准金融理论解释。实际的较低利率无法支持高风险厌恶水平假设，充分说明了金融市场的非有效性。

（3）小盘股对大盘股与价值型对成长型。

一般来说，市值小的公司市场竞争力相对竞争力也较小，容易受到市场的冲击，根据标准金融理论，小盘股的收益要低于大盘股。但是，实证研究结果却相反，Risager（2008）研究发现，从历史上看，小公司的股票（小盘股）的收益率超过大公司的股票（大盘股）。实际上，Keim（1983）发现自 1926 年以来，美国的小盘股收益超过大盘股 1 个百分点。Fama 和 French（1992）实证分析结果进一步证实了这些结论。此外，研究表明从长期来看，投资组合中包含价值型股票的收益要高于投资组合中包含成长型股票（Lakonishok et al.，1994）。价值型股票具有收益稳定、价值被低估、安全性较高的特性，且市盈率、市净率通常较低，成长型股票则相反。由于小盘股主要是个人投资者为主，因此风险补偿较大，预期小盘股的回报比大盘股的要大。Lakonishok 等（1994）发现，从历史数据来看，市值/账面比率高的公司比比率低的公司的收益率相对低得多，而市值高的公司面临的市场风险更大，在经济衰退时，收益更低。

（4）过度反应与反应不足。

De Bondt 和 Thaler（1985）认为股票价格过度上涨或下跌，其后果是交易者随后的反向运动，而且股价上升或下降过度的程度越大，其反向运动的程度也越大。Barberis 和 Huang（2001）认为投资者的投资决策依赖于所投资标的过去的市场表现，如果过去表现好，投资者获利，那么他将继续买入，从而进一步推高股票价格，在一定程度上表现为反应过度。在“过度自信”和“偏执偏差”的心理影响下，投资者容易对私人信息反映过度，而对公开信息反应不足。

3.1.3　有限理性与行为范式

市场是否有效是标准金融理论与行为金融学理论最根本的分歧点，代表了两种截然不同的学术范式：理性范式与行为范式。过去三十年，随着经济金融学研究的深入，越来越多与标准金融理论解释不一致的现象被揭露出来，显示标准金融理论存在着局限性。

在经济学中，人类干预的概念已经存在很多年，实际上，18 世纪亚当·斯密在他的著作《国富论》中就提出了“看不见的手”。然而，直到 20 世纪 80 年代末，行为金融学理论才开始在学术领域获得认可，主要是因为金融市场出现的实际现象不能完全由有效市场假说解释（Xu and Malkiel，2003）。行为金融学试图研究金融市场上具有有限理性的金融活动主体的判断力和决策力，将经济活动主体看作具有有限性和异质性的行为人，揭示其决策行为的基本规律。

3.1.3.1 有限套利

有限套利（limits arbitrage）是行为金融学的重要基石之一。在一个经济体中，存在理性和非理性的投资者活动，非理性能对证券价格产生实质性和持久性的影响（Barberis and Thaler，2002）。有效市场假设认为，当价格由于非理性噪声交易者[①]的原因导致偏离其基本面价值时，理性投资者将通过套利方法使其恢复正常。根据有效市场假设，套利不需要资本，不涉及风险。然而，实证研究表明校正价格既需要面临风险也需要成本，这使利用套利校正价格的交易缺乏吸引力，因此价格仍然偏离基本面价值（Shleifer and Vishny，1997；Shleifer and Summers，1990；Barberis and Thaler，2002）。

根据标准金融理论的假设，套利是单个交易参与者用自己的资本持有小额头寸来进行交易。在这些假设下，价格偏离基本价值越大，越能激发富有进取心的套利者加入，因为潜在收益达到最大。但是，现实中套利均衡的思想受到诸多限制，套利者在复杂的市场环境中进行交易，资产价格不确定的情况下，校正的对冲操作非常难以捉摸。实际上，套利的交易成本和信息成本并非微不足道。Shleifer 和 Summers（1990）认为套利面临两类风险，即基本面风险和噪声交易者风险。此外，执行成本也是限制套利的另一个障碍。

---

① 噪声交易者是受系统偏差影响的投资者，其行为并不总是理性的（Shleifer and Summers，1990）。

（1）基本面风险。

基本面风险是套利者对于他们该持有什么头寸判断错误。套利交易基本上是买低卖高，以赚取错价（mispricing）收敛利润的交易行为，但是若平仓后错价仍发散，则套利者的头寸必须封闭，遭受损失出场。Mullainathan 和 Thaler（2000）指出若套利标的非完全替代时，金融商品的价值越难估计，则基本面风险也越高。因此，校正错价使价格恢复到基本价值的市场力量可能因套利者有限套利的结果而削弱。

（2）噪声交易者风险。

噪声交易者风险是指因噪声交易而是套利部分恶化的风险，即使错价最终会收敛，但其可能无法再套利者投资期间或者以平稳方式收敛，价格偏离在短期内不断恶化，造成套利者损失。

De Long 等（1990）认为投资者最初的悲观或乐观情绪导致证券低估或高估，并推动证券价格进一步下降或上升。噪声交易者对理性的套利者是一种系统风险，故理性投资者面临噪声交易者风险时需要更高的风险溢价来补偿，因此其在期货基差偏离均衡值的幅度较大时才会进行套利。Sofianos（1993）指出套利者承受噪声交易者风险的能力取决于财力的限制。财力较小的套利者无法套走所有的错价，因而其会选择当错价较小时进场套利而放弃较大的错价，因为较大的错价很大可能是噪声交易造成的，为了避免错价进一步深化因财力不足而被迫出场。财力较不受限的套利者为了承担噪声交易者风险而获得较大的补偿，因此他们会放弃较小的错价，而当错价较大可能获得补偿时才会进场套利。

（3）执行成本。

执行成本是指与套利活动相关的成本，包括直接成本与间接成本，直接成本如税金、保证金，间接成本如市场流动性、放空的限制，正是由于这些成本的存在，套利者对校正错价的兴趣大打折扣（Barberis and Thaler，2002）。

在无交易成本及无放空限制的情况下，只要期货基差不等于均衡值，理性套利者则立即进场套利，从而使期货基本偏离瞬间恢复均衡。在有交易成本但无放空限制的情况下，只要期货基差偏离套利上限和下界，套利者便会进行现货买进持有策略或逆现货买进持有策略以进行套利，而使基差偏离恢复均衡值的速度在正基差与负基差是呈对称的。然而，现实中这种情况几乎不存在，资本市场并非完美，由于现货市场的放空限制，基差偏离恢复均衡的调整过程应该不是线性的。现货放空的限制使套利者在买进低估资产比卖出高估资产容易，当套利者有放空限制时，将使套利交易（买进期货，放空现货）较难实现，因而当基差出现负偏离时，其偏离的时间会比较长，回归均值的速度比较慢，造成基差以非线性的调整速度朝向均衡，这意味着正基差与负基差偏离恢复均衡值的速度不对称。

大量研究表明，套利存在的风险和成本使其对套利者的吸引力下降。De Long 等（1990）认为噪声交易者风险本身非常强大，即使当忽略基本面风险和执行成本时，它也可以限制套利。Harris 和 Gurel（1986）以及 Shleifer（1986）检验当公告新股计入标普 500 指数时股票价格的反应，结果发现计入股指的同时股票价格上升了 2% ~3%。选择哪只股票进入标普指数是依据他们对美国经济的代表性，而不是他们的自身表现潜力，因此，价格上涨是明显的价格偏离，因为公告不能表达任何关于股票基本价值的信息（Shleifer and Summers，1990）。这种类型的价格偏离仍然存在于市场中，没有得到校正。套利机制的有效发挥，关键在于能否找到受噪声交易者影响的套利标的的近似替代品，大多数情况下，明显合适的替代品很难找到。Mullainathan 和 Thaler（2000）的研究表明，套利本身具有风险，不仅取决于是否存在完美的替代品，还取决于套利期限的长短。因此，在现实市场中，套利不仅充满风险，而且作用是有限的，市场不可能完全消除“免费午餐”，完全效率的市场不可能实现。

3.1.3.2　投资者情绪

投资者情绪是一个令人难以名状的概念。有时投资者对资产的需求变化是完全理性的（Shleifer and Summers，1990），这些变化反映了诸如一些交易过程中所获取的公共信息。但并不是所有需求的改变是理性的，更多的时候是投资者一种对预期或者情绪的反应。Zweig（1973）认为投资者情绪来自投资者对资产价值的有偏期望。在一个资本市场中，两组投资者，一组为理性预期投资者，他们能意识到资产的基本价值；另一组投资者对资产价值的认识是有偏误的，而投资情绪就是反映了这两组投资者之间对资产估值的差异。有限套利理论表明，当非理性交易者使资产价格偏离基本价值时，理性交易者通常无能为力。非理性投资者导致需求的改变，可以通过当人们形成偏好和信仰时所产生系统性偏差来解释（Barberis and Thaler，2002）。

（1）前景理论：解释投资者偏好的基础理论。

偏好是理解交易行为的基本要素。偏好决定投资者如何评估风险和不确定性，大多数基于投资者偏好的模型假设投资者根据预期效用框架评估投机风险。但自 20 世纪 70 年代以来，大量的经济金融实证研究充分展示了人的决策行为的复杂性，迫切需要新的理论来分析人在经济中的行为决策，由 Kahneman 和 Tversky 在 1979 年提出的前景理论（prospect theory）是其中之一（Barberis and Thaler，2002）。

前景理论建立了鲜明的“行为范式”，对传统的预期效用理论提出了强有力的挑战，也为投资者行为提供了可靠的理论解释依据。预期效用理论的前提是行为人完全理性，要满足决策主体偏好理性的一系列严格的公理化假设。然而，实际的行为人是有限理性的，这使预期效用理论与现实差距过大。个体的偏好是随着情况而变化，当面临损失时倾向于冒险赌博，风险趋向性偏好；当面临盈利时倾向于接受盈利，风险厌恶性偏好。因此，前景理论根据行为人的行为偏好不同，建立在不确定条件下的决策行为模型。

前景理论认为，个人风险条件下的选择过程分为两个阶段：第一个阶段是编辑（Editing），包括对信息的组织和再表达，对所提出的期望相关的收益与规律进行变换，使决策变得更容易，这种变换过程往往是主观偏好的；第二阶段是估值（Evaluation），编辑过的前景被估计出价值，然后投资者选择对自己最有利的前景，通过价值函数和决策权重函数的结合决定。

价值函数是决策者主观感受所形成的价值，是相对于某个参考点的收益和损失，而不是预期效用理论所重视的最终财富。因为感知在很多时候是物理变量的凹函数，参考点是个人主观设定的评价标准。如图 3.1 所示，Kahneman 和 Tversky（1979）发现价值函数是一条中间有拐点的“S”形曲线，收益部分凹状，表现风险回避，损失部分呈凸状，表现风险追逐。价值函数的自变量是损益，损失或收益取决于人们主观感觉的参考点。此外，价值函数呈不对称状，收益变化的斜率小于损失变化的斜率，表明个体对损失的敏感性高，对损失的痛苦大于同样程度收益所带来的快乐，这种行为市场表现为投资者不愿意卖出已损失的资产而期望它们能反弹，然而在很多情况下，这些资产价值大幅下跌，甚至造成投资者进一步损失。价值函数距离参考点近的斜率大于距离较远处，这表明价值函数对财富变化量的斜率是随着财富变动量的增大而变得越来越平坦，符合边际效用递减的规律。

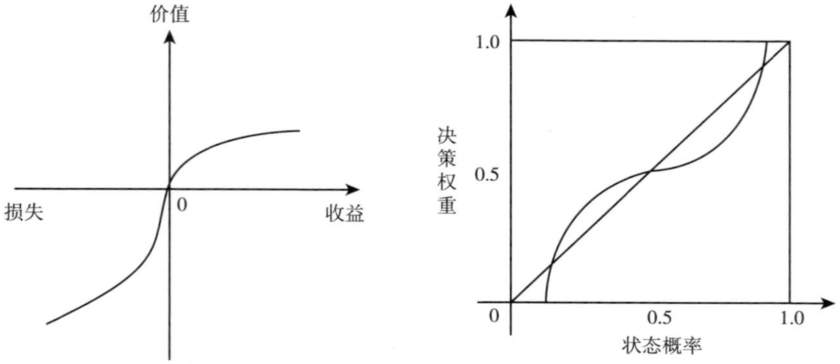

图 3.1　价值函数与决定权重函数

前景理论建立的决策权重函数解决了预期效用理论中客观概率和主观概率不符的问题。期望的总价值等于每个结果的价值函数和权重函数的乘积之和。权重函数是概率的递增函数，并将实际概率值划分，对于极低概率事件的决策权重为零，而极高概率事件的决策权重等于 1，对于小概率事件的权重值高于其概率值，对中间数值的事件权重不敏感，对大概率事件的权重值一般低于其概率值。这解释了人们为何热衷于买彩票，因为他们都希望以较小的固定成本去换取可能性小但收益巨大的潜在收益。最后前景理论认为非线性概率转移表明在更高概率水平上人们对概率差异更为敏感。这意味着概率从 0.8 ~ 1.0 增加 20% 比概率从 0.2 ~ 0.25 增加 20% 更为重要。

（2）投资者信念与期望形成。

金融市场中的投资者都试图以理性的方式来判断市场，但通过前面的讨论，我们知道投资者显然不总是如传统经济和金融理论假设中的完全理性。由于有限理性，投资者并不总是完美地处理新信息，而是往往依赖于框架和启发式方法，因为在解决问题时方式趋于简单，通常一种笼统的策略或规律解决方法，能够节省计算时间。然而，很多时候人们往往不具备理性思考的条件，这就导致决策过程中出现系统性和可预见性的错误或偏差（Shleifer，2000），由此导致人们在认知过程中出现各种偏差（Lewicki et al.，2007）。

框架是人们根据已有的知识和经验对复杂环境进行感知和评估，使他们趋向或避免后续行动的一种主观机制（Lewicki et al.，2007）。框架是独立且独特的，但他们也受外生因素，如教育、家庭、环境、广告的影响，因此可以被社会共享（De Bondt and Thaler，1985）。实际上，这种框架体现了个体对决策具有很大作用。个体由于情景或问题表达的不同而对同一问题产生不同的判断，做出不同的选择。例如，当进行投资选择时，投资者看到股票收益相较债券收益更具有长期稳定性，那么他们将更多的资金分配给买股票而非债券，反之，股票市场存在不稳定的短期股票收益，分配给股票的资金会相对较少

(Shleifer, 2000)。

锚定与调整是指在没有确定把握的情况下，人们往往使用某个参照点或锚来降低模糊性，然后再通过一定的调整得出最终的结论。Lewicki 等（2007）指出无论初始值是问题中暗示过的还是经过粗略计算得到的，后面的调整通常是不充分的，因此不同的初始值会产生不同的结果。人们在估计某一数值时，往往会受到某些初始值的影响，做出不准确的估计。并且容易高估连续时间发生的概率，而低估独立事件发生的概率（Shleifer，2000）。

De Bondt 和 Thaler（1985）研究认为，人是过度自信的，尤其是对自己知识的准确性过度自信。过度自信是人们认为自身知识的准确性比实际中的程度更高的一种信念，对自己的信息赋予的权重大于真实的权重（Daniel et al.，1998）。过度自信表现形式不同（Barberis and Thaler，2002）。首先，人们倾向于高估他们知识和信息的准确性；其次，人们容易过高地估计高概率事件发生的概率，而低估了低概率事件的发生概率。人们通常认为只有 80% 以上概率事件必定会发生，而认为只有 20% 以下概率事件不可能发生。就过度自信对金融市场的影响而言，Odean（1998）认为过度自信引起交易量的增加，扩展了市场的深度，增强了市场波动性。

（3）代表性与可得性。

代表性是指人们在评估某种事情时，倾向于依据该事情与某些事情多靠近，而非依据概率来做判断。代表性启发是一种非常有效的方法，能够帮助人们迅速地捕获问题的本质，从而推断出结果，但代表性容易导致判断过度自信，造成认知偏差。Kahneman 和 Tversky（1974）的研究就表明，人们只根据描述性的语言代表性进行判断，而完全不考虑事件先验概率的影响。

可得性偏差是指很多情况下，人们只是简单地根据他们对事件已有的信息，如经历、见闻或者记忆程度来确定一件事情发生的概率。那些容易记住的事情或者才发生不久的事件往往有很强的印象，被误认为是更容易出现的（Barberis and Thaler，2002）。因此，依赖可得性进行预测可能会导致很大偏差，事件的频率、情绪性等会影响事件的可得性程度，从而影响事件本身在个体心中的主观概率。

人们倾向于高估自己知识的可靠性，尤其体现在市场的“羊群”行为中（Sornette，2003）。“羊群”行为是指投资者在市场信息环境不确定的情况下，行为受到其他投资者影响的一种特殊非理性行为，表现为盲目模仿他人决策。在信息不充分的情况下，投资者容易错误地认为别人比自己拥有更多的信息，从而产生“羊群”行为。此外，“羊群”行为涉及投资主体的相关性行为，对市场稳定和效率有很大影响。“羊群”行为在一定程度上引起信息资源的不合理配置和价格与价值的偏离，放大了市场上从乐观到悲观的情绪，结果可能导致集体有限理性行为，加剧了损失，造成金融恐慌甚至崩溃（Loewenstein and Thaler，1989）。

3.2　分析方法

3.2.1　区分行为人异质性

“理性人”的经济假设在主流经济学领域一直占据主导地位，是西方经济学基础假设之一。但是，决策过程是个体对客体的认知过程，人的决策及其结果通常由其自身内部因素和外部环境共同决定。从认知心理来看，个体决策不可能完全理性；从外部因素来看，没有给个体提供理性决策的环境。因此，经济学中的行为人是有限理性（bounded rationality），行为人之间存在异质性（heterogeneity）。

由于人们自身的认知能力、信息的不完全、环境的变化以及决策目标的复杂性，都造成人们行为的有限理性。首先，个体对风险的评价不一定遵循冯·纽曼和摩根斯坦理性概念假设。其次，个体在对不确定性后果进行预期时，往往会违反贝叶斯规则和概率最大化理论，决策并不总是以实现期望效用最大化为准则。所以行为人的投资决策无法做到完全理性，只能是有限理性（Shleifer，2000）。决策的关键不仅在于是否有信息，还在于行为人能够加工多少信息。在不确定性和存在风险的情况下，行为人的决策缺乏相应的背景知识。在有限理性的概念下，人们无法充分考虑一系列未来可能的行动，但个人的注意力、记忆力、时间、社会影响、习惯、情感和工作的复杂性都会影响决策过程（De Bondt et al.，2004）。因此，一些投资者在某些时间点上的交易行为不仅基于信息，还基于噪声。这些噪声交易者，受到系统性偏差，并不总是理性的（Shleifer and Summers，1990）。这意味着投资者心理的变化不能完全由套利者解释，这种变化也会反映到收益和价格中。有限理性使人的行为模式更加接近现实。最近 30 年来，对有效理性及其条件下的理论研究一直是经济学界的前沿领域，其中，有限套利和投资者情绪是行为金融学两大构件。

我们不难发现，标准金融学理论模型都是基于投资者同质性的假设，而这一假设明显有悖于实践观察的结果。随着行为金融理论的兴起，学者们开始重视基于投资者的行为偏差和投资者之间的异质性视角研究资产定价。

人与人之间的差异是必然存在的，个体异质性在认知、情感、意志等心理活动中表现出不同于他人的心理和生理特点，个体的异质性在于人性的复杂性、多样性和深刻性。已有大量的研究成果表明金融市场上的投资者存在着明显的异质性，这种异质性会在很大程度上影响资产价格。Hong 和 Stein（1999）首先假设股票市场上存在两类有限理性的投资者组成：一类是基于市场观测到信息对未来进行预测的“信息观察者”，他们不是依据过去的价格，而是根据私人信息判断未来；另一类是基于最近历史价格信息进行预测的“惯性交易者”，他们只根据最近的价格变化判断趋势。研究结果发现，“惯性交易者”的参与将进一步扩大股市价格的惯性效应，从而导致股市价格的“过度反应”现象。一方面，由于私人信息传播速度有限，信息观察者对价格的反应相对滞后，因而形成价格惯性效应；另一方面，在正向反馈作用下，惯性交易者的参与将扩大惯性效应，而且惯性交易者无法掌握私人信息的传播速度，他们的交易行为容易把价格推向长期反转的过度反应。

Du（2002）就依据投资者异质性假设，认为投资者在之前的股票市场上成败的不同以及各自不同的能力，因而具有异质性的投资者在判断股票价格波动上存在不同的自信水平，导致他们的投资行为各不相同，而不同的投资行为将推动股价朝着不同的方向发展。Cho 和 Jo（2006）通过比较分析市场中的个体投资者和机构投资者行为，认为“过度自信”的个体投资者容易低估机构投资者的信息，“追涨杀跌”的交易行为造成了股市价格在短期内的惯性效应，当市场内所有投资者表现为“过度自信”时，反应过度的股票将会在长期表现出显著的反向调整过程。Hong 和 Stein（2007）认为不同投资者可观察到的与公司价值相关的信息存在差异，并以此作为区分投资者异质性的关键变量，投资者有限理性和分割状态的存在使信息先到达部分投资者，并部分反映到股票价格上。

因此，本书认为异质性表现在决策过程中应首先是不同个体之间的异质性，即作为不同的个体，他们对信息会给出不一样的评价结果，因而采取不同的决策行为。其次，同一个体在不同情况下的异质性，由于内在与外在的环境不同，对于同一信息，行为人会给出不同的评价结果，采取不同的决策行为。

3.2.2　噪声交易者模型

标准金融学理论是建立在有效市场假设前提下，认为资本市场的参与者都是“理性的”，他们根据真实的客观情况来判断资产的价值以进行决策投资，从而实现预期效用最大化（Lucas，1978）。在这种情况下，价格不可能偏离实际价值很远，即使市场存在非理性投资者，在长期中，非理性交易者最终会被市场淘汰掉，因为他们一直会亏损下去。但是，标准金融学在解释现实市场泡沫方面遇到很大困难，现实中不仅存在大量的“非理性”交易行为，而且在一定条件下“非理性行为”可能会主导市场，造成价格完全偏离其价值。

Kyle（1985）首次提出了“噪声交易者”（Noise Trader）的概念，Black（1986）进一步将噪声交易者定义为无法获得内部信息，但非理性地将“噪声”当作有效信息进行交易的行为人。这些与实际价值无关的虚假的或失真的“噪声”主要来自市场参与者主动制造的虚假信息，或者被市场参与者错误判断的信息。噪声交易者所依据的信息是与实际价值无关的，但他们的行为仍然可能是理性的，他们之所以采用这一投资策略是因为这一策略能够带给他们更多的收益。对噪声交易者生存的研究，De Long 等（1990）分析投资者财富积累的方式，假设风险资产供给是完全无弹性的，收益是外生给定的。在这种情况下，投资者的信息只能影响对风险资产的需求而不会影响价格。模型中关键因素是噪声交易者的过度乐观和过分自信，结果导致他们高估收益而低估风险。在这种预期共同作用的结果是：噪声交易者持有的风险资产多于他们应该持有的水平，并且最终以获利结束。

Friedman（1953）认为投机者具有稳定作用，因为如果投机者发挥不稳定作用，他们将会遭受损失，最终会被市场清除。但是，如果市场中的一些噪声交易者采用正反馈交易策略，那么套利者会利用这一特征，而成为不稳定的力量（De Long et al.，1990）。正反馈交易投资者在价格上涨时买进，价格下跌时卖出，实际上他们表现出趋势追逐（trend - chasing）的行为特征。De Long、Shleifer、Summers 和 Waldmann（1990）构建一个噪声交易者长期生存的 DSSW 模型，基于行为金融视角，分析噪声交易者的市场存在性以及市场影响力。他们认为噪声交易者无法获得与实际价值相关的信息，因此对市场实际价值的判断会存在一定的偏差。

他们将这类误判分为两种：对预期收益的误判 μ 和对风险（收益标准差）的误判 τ，并令：

$$\hat{R}_i = r + \mu(\rho - r) + \tau(\eta + \varepsilon) \tag{3.1}$$

其中，η 为股票 i 的系统风险，ρ 为股票 i 的风险回报。

当 $\mu = 1$，$\eta = 1$ 时，交易者为价值投资者；当 μ 和 η 偏离 1 时，交易者为噪声交易者，而且因为误判而持有一个与其预期效用最大化相背离的资产组合。当 $\mu > 1$ 或者 $\eta < 1$ 时，噪声交易者过度乐观，更多地持有风险资产 i，从而在承担更大风险的同时获得了更高的风险回报。当 $(1 - \tau)(\mu - \tau) > 0$ 时，噪声交易者获得更高的预期收益。

De Long、Shleifer、Summers 和 Waldmann（1990）认为受生命周期、流动性需求以及短期评价等客观因素的制约，市场上并不存在 Fama（1970）提出的长期投资者，所有投资者都应是短期存在的。因此，当理性投资者进行套利时，不仅要面对基本面因素变动的风险（Shiller et al.，1984），还要面对噪声交易的风险。

DSSW 模型采用 Samulsen（1958）世代迭代模型（over lapping generations model）。假定第一期没有消费，并且不考虑劳动供给和遗产因素。将市场中行为人投资所用的资源都视为外生变量，根据生命周期理论，他们需要在年轻时决定如何配置他们的资产组合。假设存在两种具有完全相同的收益的资产：一种是无风险资产，并且这种资产供给完全弹性，因此在两个时期中，一单位的该种资产可随时被创造出来，一单位的资产可与一单位的消费品自由转换；另一种资产为风险资产，但风险资产的供给并非完全弹性，而是数量固定不变。在 t 时期，风险资产的价格为 P_t，因为每种资产的价格等于按照为了收益计算的净现值，所有无风险资产和风险资产可与完全替代，每期的转让价格一样。假设市场中存在两种行为人：理性套利者和噪声交易者。其中，X_t 为 t 时刻噪声交易者占市场中总交易者的比例，那么套

利者的份额为 $1-X_t$。两类投资者事前各自对风险资产在 t+1 期的价格分布的平均值已经给定，他们在年轻时需要做的就是按照预期效用最大化的原则选择资产组合。

套利者在 t 时期对风险资产价格的预测偏差为 ρ_t，$\rho_t \sim N(\rho^*, \sigma_\rho^2)$，这里的 ρ 既包含对风险资产预期收益的预测偏差 μ，也包含对风险资产波动率的预测偏差 τ。交易者风险厌恶，用效用函数 $U=-e^{-2\gamma\omega}$ 表示，并假设 t+1 时刻市场基本面风险不变，预测偏差的分布不变。因此，t+1 时刻的价格风险（交易风险）可以表示为：

$$\sigma_{p_{t+1}}^2 = \frac{x_t^2 \sigma_\rho^2}{(1+\alpha)^2} \tag{3.2}$$

t 时刻所面临的市场总风险是基本面风险与交易风险之和：

$$\sigma_{t+1}^2 = \sigma_{p_{t+1}}^2 + \sigma_d^2 = \frac{x_t^2 \sigma_\rho^2}{(1+\alpha)^2} + \sigma_d^2 \tag{3.3}$$

交易风险的存在增加了市场总风险，所以理性投资者对风险资产的需求为：

$$q_t^r = \frac{d_{t+1} + P_{t+1} - P_t(1+\alpha)}{2\gamma(\sigma_{t+1}^2)} < \frac{d_{t+1} + P_{t+1} - P_t(1+\alpha)}{2\gamma(\sigma_d^2)} \tag{3.4}$$

其中，α 为无风险利率，d_t 为 t 时的红利。

噪声交易者与理性投资者不同，其对风险资产的需求受到两个因素影响：由于乐观估计而增加的需求，市场总风险增大所抵消的需求，因此，噪声交易者对风险资产的需求为：

$$q_t^n = \frac{d_{t+1} + P_{t+1} - P_t(1+\alpha)}{2\gamma(\sigma_{t+1}^2)} + \frac{\rho_t}{2\gamma(\sigma_d^2)} \tag{3.5}$$

市场出清的条件为：

$$q_t^r(1-X_t) + q_t^n X_t = 1 \tag{3.6}$$

在世代交叠过程中，风险资产的总量不变。t 时刻的市场价格为：

$$P_t = \frac{d_{t+1}}{\alpha} + \frac{x_t \bar{\rho}}{\alpha} + \frac{x_t(\rho - \bar{\rho})}{1+\alpha} - 2\gamma \frac{x_t^2 \sigma_\rho^2}{\alpha(1+\alpha)^2} \tag{3.7}$$

噪声交易者因多持有风险资产而多获得的风险回报为：

$$E[\triangle R_{n-r}] = \bar{\rho} - \frac{x_t\,\bar{\rho}^2 + x_t\sigma_\rho^2}{2\gamma\left[\frac{x_t^2\sigma_\rho^2}{(1+\alpha)^2} + \sigma_d^2\right]} \tag{3.8}$$

右边第一项为在乐观估计下噪声交易者持有更多风险资产的风险回报；右边第二项分母为总风险对理性投资者的套利行为的削弱效应；右边第二项分子中的第一项反映了噪声交易者推高价格后对自身收益的抵消作用，分子中的第二项是噪声交易由于行为的多变性所产生的追涨杀跌风险。

噪声交易者风险是系统性风险，会对整个市场产生影响，甚至波及所交易的大部分资产。噪声交易者的系统性风险通过价格表现出来，意味着本质上并无任何关系的资产，在受到同样噪声交易者心态变化影响时，也会出现同样变动的特点。

与其他经济学理论一样，行为金融学也有其重要的贡献与挑战。行为金融学的最主要贡献在于改进关于投资者理性和市场参与者行为的假设。这些假设基于实证检验数据，为我们呈现了一个现实视角下的金融市场。其另一个重要贡献是提出基于有限套利的理论。通过证明套利存在风险和成本，来解释套利有时无法完成市场出清的机制作用。此外，行为范式对经济理论赋予更多的要求，某种意义上，为了达到预期的切合，附加的假设不能导入模型中。行为预测模型具有可测性，并在实际中得到确认。

行为范式的一个主要挑战是模型的复杂性。行为金融理论是经济学中的新兴理论，还无法如标准金融学理论一样，能用简洁的数学公式建立统一的理论体系。毫无疑问，理性的、无情绪的、追求利润最大化的个体的模型远比准理性、决策需依赖启发式的个体的模型更易构建（Barberis and Thaler，2002）。心理学家虽然已经证明了人类行为中存在认识偏差，但通过模型实证检验特定时期特定市场的认知偏差对于经济学家来说仍然是个巨大挑战。

3.3 本章小结

纵观标准金融学一系列的理论，我们知道标准金融学是以“理性行为人”假设和有效市场假说为基础发展起来的。在“理性行为人”假设中，理性的人总能最大化其预期效用，并拥有所有有用信息，而且具有完全的认知能力，不需要任何成本就能获取全部信息以保证行为的准确性。同时，行为人具有同质性。有效市场假说认为，资产的价格能充分反映所有信息，因此市场上不存在利用已有信息获取超额收益率的交易策略。无论是个人投资者还是结构投资者，都不可能持续地获得超过市场平均收益率。这一系列的假说与理论看似完美，但不断出现的市场“异象”却表明标准金融学在实际经济生活中仍存在缺陷。

行为金融学则通过对行为范式的研究，认为行为人的投资过程是一个认知过程。在这个过程中存在行为人自身的认知偏差、个体的异质性和情绪等的影响。并且行为人是有限理性的，行为人之间存在异质理念。所以在不确定条件下，行为人往往会违背理性偏好公理，而存在选择偏好，并不按照预期效用理论进行。就金融市场而言，投资者的有限理性和异质理念会导致投资决策过程中的偏差，如过度自信、“羊群”效应等。这些决策偏差使市场出现反应偏差等异常现象。

因此，可以将投资者分为信息交易者和噪声交易者两种。信息交易者即假设的理性投资者，他们不受认知偏差的影响，并且不同个体间保持良好的统计上均方差性。噪声交易者则存在认知偏差，不同个体间有明显的异方差性。噪声交易者使资产价格偏离其基本价值，这种错误定价给市场提供了套利机会，但套利者需要面临基本面风险和噪声交易者风险。因此，套利者是否进行套利以使价格回归到其基本价值上，取决于噪声交易者的反应。而噪声交易者的反应很难预知，在很大程度上取决于噪声交易者情绪。市场上的这两类投资者相互作用，共同决定了资产价格。

第4章　石油市场及其金融化

石油自 1965 年取代煤炭成为世界最主要的能源以来，其在现代经济体系中的地位是其他自然资源无法企及的。作为一种可耗竭资源，石油是一种非常特殊的商品，它的生产分布和消费格局在空间上不平衡，尤其受制于石油资源分布处于全球地缘政治动荡核心区域。这种供需空间上的不平衡不可避免地驱使更多的国家寻求诸如金融手段来增加对石油市场的控制力。因此，石油除了作为稀缺资源的商品属性外，最根本还是源于石油生产和消费的基本经济特征所表现的金融属性。随着石油市场与金融市场相互渗透和融合，石油的金融属性日益凸显。国际石油市场已经发展成为一个多层次、综合性、复杂的市场。与其他一般商品相比，石油已逐渐成为国际金融市场上的一种重要的投资甚至是投机产品，其价格不仅仅是市场经济规律的表现，更是石油市场金融性的体现。

20 世纪 80 年代，石油期货交易开始迅速发展起来，1978 年纽约商品交易所（NYMEX）出现取暖油的期货交易，1981 年引入汽油期货交易，两年后又引入原油期货交易（WTI 原油）。期货市场的发展对国际石油市场产生巨大的影响，改变了国际石油市场原有的结构和石油价格形成机制，石油期货价格对现货价格的导向作用日益显著。现在的国际石油市场也已不再是简单的实体经济中的货物交易市场，而是全球金融市场的一个重要组成部分。

为了在错综复杂的经济体系中寻找到石油市场金融化的决定因素和影响因素，有必要对石油期货市场和石油期货价格进行系统性分析。本章首先基于历史角度，将 1861 ~ 2011 年的石油价格发展分为：1861 ~ 1945 年、1945 ~ 2002 年、2003 ~ 2011 年三个历史时期进行考察，分时期讨论有助于我们更好地比较分析不同时期油价的特征，尤其是对 2003 年以来的新一轮石油价格波动周期的独特性考察。接下来，从石油市场独特的供求关系入手，考察由于供需空间上的分布不均衡所产生的石油市场金融化。通过这些分析我们知道，石油作为一种特殊的国际商品，所处市场条件以及价格影响因素远非一般商品所能比拟的。随着石油期货市场的不断发展，以期货市场为主导的石油定价体系的形成，为石油市场的金融属性提供了很好的生存土壤。基于以上认识，进一步探讨石油期货市场的有效性，通过对石油期货价格的预期传导作用的考察，分析石油期货市场是否满足有效市场假说理论。

4.1 国际石油价格的历史解析

本章将石油价格的时间序列追溯至1861年首次有石油价格记录，并将石油价格的时间序列分为：1861～1945年、1946～2002年、2003～2011年三个时间区间进行分析。对历史油价分析的重点放在第二次世界大战以后，是因为第二次世界大战后人们对石油的使用和依赖性显著增强，石油在世界经济和区域政治中扮演着越来越重要的角色。着重对2003年以来的新一轮石油价格波动周期进行详尽讨论，是因为在此期间石油价格表现出从未有过的波动特征，石油价格的收益波动性也异常高。通过对石油价格波动的历史解读将有助于我们厘清石油市场中的基本面因素引起的油价波动与投机泡沫可能造成的价格异动之间的界线。

由于石油基准价格反映了现货和期货市场所在国的定价权，因此，不同时期的国际油价的含义也有所不同。美国能源信息署（EIA）所使用的油价历史统计数据在1861～1944年为美国石油平均价格，1945～1985年为在拉斯塔努拉公布的阿拉伯轻质油标价，1985年起为布伦特即期现货价格，如图4.1所示。

图4.1显示了石油的名义价格以及按照2011年的价格水平折算后的实际价格。从图4.1中我们可以看出，在1861年石油首次作为商品大批量出售后不久，油价易波动的特征就已显现，共发生过三次大的石油价格波动。在剔除币值因素的情况下，1861～1878年，油

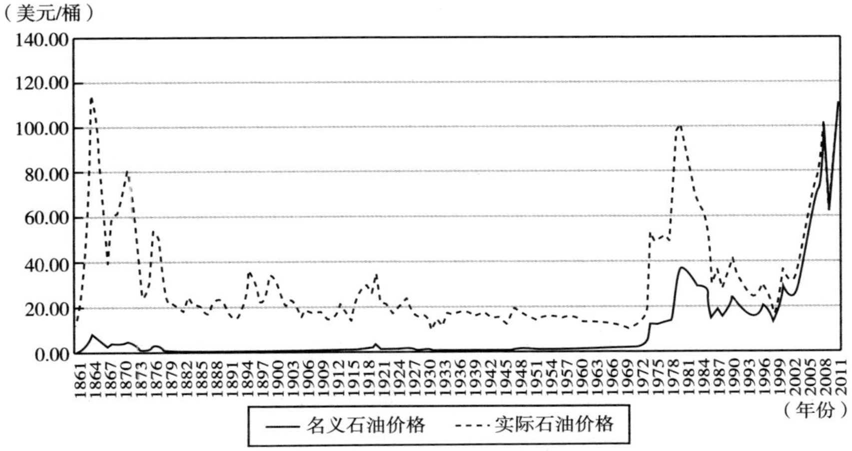

图 4.1　石油价格历史走势（1861～2011 年）

资料来源：BP Statistical Review of World Energy 2011.

价波动性很强，油价持续高位运行，在 1864 年油价甚至高达每桶 110 美元；1978～1982 年，油价大幅波动的情形再次出现，1979 年每桶超过 100 美元；2003～2008 年，已是第三次油价巨幅波动，并在 2008 年 7 月石油名义价格一度飙升到每桶 147 美元。

4.1.1　1861～1945 年：运输垄断与市场控制力

1859 年美国在宾夕法尼亚州钻出石油，开启了近代石油工业的大门①。石油提炼物煤油以其便宜的价格、烟少的优点，很快就代替了当时常用的照明用油——鲸鱼的脂油。美国全国出现了开采石油的热潮，石油也正式开始了商业化生产。然而，随着宾夕法尼亚石油产量的激增，油价也开始大幅下跌。宾州 1860 年产油 45 万桶，1862 年上升至 300 万桶。产量的突然上升使石油价格快速、大

① 波兰化学家伊格纳西·卢卡斯韦奇（1822～1882），在 1852 年，发明了从石油中提炼煤油的技术，1853 年又发明了轻便实用的煤油灯，这一发明成为现代石油工业的起点。

幅下跌，名义价格从 1860 年 10 美元降至 1861 年的 0.5 美元/桶，甚至更低。

随着越来越多的美国煤油被出口到欧洲，铁路运输成本成为油价决定的重要因素。19 世纪的美国铁路均属私有，纽约中央铁路、宾夕法尼亚铁路和伊利铁路共同控制着从美国中西部到纽约市的铁路运输。正是因为这种铁路运输的高度垄断，铁路资本家可以随意向货主索取高额运费，导致当时的铁路运输成本占石油总成本的很大一部分，约为石油出口价格的 40%。1878 年，洛克菲勒的竞争对手们为了打破铁路大联盟在石油运输上的垄断，修建宾夕法尼亚州油田与东海岸之间的第一条长距离输油管道，这条被称为潮水管道（Tidewater Pipeline）的工程在 1879 年竣工，同年这项技术就投入石油运输。专门的输油管道的使用大大降低了运输成本，改善了石油运输环境，导致铁路运输的垄断地位逐渐消失。同时这种技术上的突破，给人们在一定程度上的心理预期，即随着技术的进步，石油供给会增加，油价会逐步下降。自 1878 年开始，油价逐步回落，且油价走势在此后很长的时间内相对平稳。

Dvir 和 Rogoff（2010）认为 19 世纪的油价波动行为与 21 世纪初油价走势有很多相似之处，例如，强劲的石油需求却面临某些产油区停滞的生产。本章认为两次石油价格上涨期间的油价走势尽管有不少相似之处，但决定油价波动的因素却不同。最为重要的是，石油在 19 世纪对于经济的重要性远不如 21 世纪。以美国为例，1900 年，美国消费 6360 万桶石油，以平均石油价格 1.19 美元/桶计算共 7570 万美元，只占 1900 年美国 GNP 的 0.4%。2008 年美国石油消费为 71 亿桶，以平均 97.26 美元/桶计算，经济价值达 6920 亿美元，占 GDP 的 4.8%（Hamilton，2011）。19 世纪石油的价值主要作为照明用油，而随着 20 世纪电力照明逐渐取代煤油照明，石油在商业和工业上的作用则越来越重要，尤其在热力、电力和交通运输方面。

石油在 20 世纪 20 年代的经济地位远不如第二次世界大战结束

后。石油生产获得的巨额利润随着 1920 年的美国油田石油减产而逐渐消失，同时造成石油价格在未来 10 年的下降趋势，1920 ~ 1926 年油价下跌了 40%。1929 年"大萧条"所导致的需求下降，以及 1930 年东得克萨斯州新油田的发现，使油价进一步下降，到 1931 年，石油价格与 1926 年相比下降了 66%（Hamilton，2011）。

在第二次世界大战之前，西方跨国石油公司控制石油价格。西方"七姊妹"跨国石油公司凭借"租让协议"控制了中东地区的绝大部分石油资源，当时由于中东国家经济落后，技术不发达，多为西方国家的殖民地，因而西方国家得以用这种带有殖民性质的价格制度控制了中东大部分的石油资源，同时将由跨国石油公司单方面决定的石油价格强加给中东产油国，因此第二次世界大战以前，名义石油价格长期维持在 3 美元/桶的水平，这在某种程度上是一个殖民价格。

4.1.2　1946 ~ 2002 年：地缘政治与石油美元秩序

第二次世界大战结束的最初时期，全球油价是以墨西哥湾石油为基准（Adelman，1972）。此时的主要资本主义国家已进入全面建设时期，随着汽车时代的到来，美国对石油产品的需求在 1945 ~ 1947 年增长了 12%（Williamson et al.，1963），石油价格在这两年上涨了 80%。此后相当长的一段时间内，石油价格处于相对稳定的状态。如图 3.1 所示，1948 年至 20 世纪 60 年代末，石油名义价格一直维持在每桶 2.50 ~ 3.00 美元，以 2011 年的价格水平计算，同期实际石油价格在 15 ~ 17 美元附近波动。

20 世纪 50 ~ 60 年代，国际石油市场的定价权仍然掌握在西方跨国石油公司手中。直到 70 ~ 80 年代，石油输出国组织（OPEC）进入全盛时期，开始充分发挥了其对石油市场的干预能力。在 70 年代以前，中东国家的石油资源、生产和出口都被国际石油卡特尔即石油

“七姊妹”所控制①。这种对石油市场的控制引起产油国的对抗，催生了 OPEC 的建立。最初 OPEC 成立的目的是联合起来共同维护石油价格。到 60 年代后半期，OPEC 认识到单纯冻结油价并不能制止各国实际收入下降。70 年代初，OPEC 逐步向国际大石油公司展开积极的收回资源主权的参股和国有化的斗争。在取得积极成果的基础上，阿拉伯产油国在 1973 年 10 月第四次中东战争爆发后，又成功地利用了石油武器②。OPEC 便趁此机会，进一步完全收回油价决定权，并连续大幅度提高原油价格。

1979 年伊朗伊斯兰革命和 1980 年两伊战争爆发后，世界石油供应出现短缺，OPEC 又再次连续提高石油价格③。尽管在两伊战争的这几个月里，两国石油产量损失有其他产油国部分弥补，但两国共同产量损失仍占全球产量的 6%。石油供应不足使国际油价猛涨，从战前的约 15 美元/桶上涨到 1980 年年底的 40 美元/桶左右。两伊战争的爆发使刚刚平静的国际石油市场再度陷入恐慌，由于西方国家在第一次石油危机期间经历过石油恐慌，在第二次石油危机的前期，石油消费国已开始在现货市场争抢石油，而两伊战争进一步放大了这一恐

① 由美国、英国和荷兰垄断资本控制的七家大石油公司（美国的埃克森公司、德士古公司、莫比尔石油公司、加利福尼亚标准石油公司、海湾石油公司、英国与荷兰合资的英荷壳牌石油公司以及英国石油公司）组成的国际石油卡特尔的别称。U. S. Congress. Senate. Select Committee on Small Business. Subcommittee on Monopoly. The International Petroleum Cartel: Staff Report to, and submitted by, the Federal Trade Commission. 82nd Congress, 2nd Session. Washington (DC): Government Printing Office, 1952.

② 为了抗议美国等西方国家对以色列的支持，1973 年 10 月 16 日，OPEC 决定将油价从每桶 3.01 美元提高到 5.11 美元，涨幅高达 70%，并且 OPEC 中的阿拉伯成员国正式宣布停止向美国和荷兰出口石油。石油禁运使国际原油价格和石油制品价格大幅度上涨。原油价格从战争爆发前的 3 美元一桶急升到 1974 年 3 月的 12 美元一桶，涨到原来的 4 倍，第一次石油危机就此爆发。油价的飙升推动通货膨胀近乎失控，这也直接导致 1974 年美国的通货膨胀率超过 10%。

③ 1979 年伊朗伊斯兰革命就爆发了，导致 1978 年 11 月伊朗石油输出量从每天 580 万桶骤降到 100 万桶以下，1978 年 12 月伊朗石油出口完全停止。两伊战争期间，伊朗的石油出口大幅减少，而伊拉克的石油出口几乎停止。与此同时，沙特阿拉伯、科威特、阿拉伯联合酋长国、卡塔尔自 1980 年 4 月减产 25%，使当时的世界石油市场瞬间蒸发近 400 万桶/日的产量，这占当时 OPEC 总产量的 15%，占西方国家需求量的 8%。

慌，并导致了新一轮油价的上涨。

20 世纪 70 年代 OPEC 通过对石油市场的控制，使 OPEC 由一个仅仅的企业联合转型为一股不容忽视的政治力量，而且通过油价决定权的收回，使国际油价由 20 世纪 60 年代的 1.8 美元/桶上升到 38.63 美元/桶，涨幅高达 2046%①。彻底摧毁了资本主义的石油体系，使国际石油贸易格局发生根本性改变。此后，OPEC 成员国在石油收入急剧上升，贸易条件明显改善，同时其国际政治经济影响也显著增强。但是，这期间的国际油价的迅猛提高，给 OPEC 随后 20 年的艰难困境埋下隐患。

1981 年第二次石油危机结束以后，国际油价经历了一个较长时期的下跌态势。全球石油需求在 20 世纪 80 年代初显著下降，1981～1985 年沙特关闭了 3/4 的生产能力，但这依然阻止不了名义油价下降 25%，实际油价下降幅度更大。沙特随后放弃限产的努力措施，转而支持生产，最终导致石油价格在 1986 年崩溃，名义油价仅为 12 美元/桶。

20 世纪 60～70 年代，美国陷入越南战争泥沼，以及政府的“伟大社会”建设②，导致财政赤字巨大，政府的财政赤字在 1968 年创纪录地达到 252 亿美元，而到 1971 年 6 月底美国财政年度结束时，仍高达 232 亿美元。在经历 1969～1970 年的经济危机后，美国政府于 1970 年采取扩张性财政政策以刺激经济回升。1971 年经济逐渐复苏，但是失业率仍然高达 6%，通货膨胀率也达到了 4.5%，美国经济问题在进一步恶化，美国社会问题也进一步累积。而且，由于 60 年代开始，德、日等国工业重新崛起，美国产品竞争力不断下降，到 1971 年 5 月贸易顺差消失，出现了自 1893 年以来的首次贸易逆差。

---

① 陈悠久．石油输出国组织与世界经济［M］．北京：石油工业出版社，1998.

② 20 世纪 60 年代，美国第 36 届总统约翰逊提出了建设“伟大社会”（Great Society）的内政纲领，其核心是保障民权，向贫困宣战。它向美国人民许诺了宏伟的目标——通过社会变革，可以消灭贫困，实现种族平等。它扩大了政府，尤其是联邦政府对社会福利所承担的责任，其福利范围和对象比原先更广泛，主要表现在有关就业、医疗、教育、生活和住房、城市发展等一系列法律的颁布、机制的设置和政策的实施上。

大量流入欧洲的美元开始贬值，成为不受欢迎的货币，各国纷纷抛售自己手中的美元，抢购黄金，使美国黄金储备急剧减少，黄金价格飞涨，美元的地位也开始动摇。最终，美国政府再也无力支撑美元/黄金的固定汇率，被迫宣布美元与黄金脱钩，实行自由浮动汇率，自此，以美元为中心的布雷顿森林货币体系宣告瓦解。

自布雷顿森林体系崩溃后，美联储的货币政策逐步由价格目标向数量目标过渡。当时的美联储主席伯因斯是位虔诚的凯恩斯主义信徒，他认为增加经济体中的货币供应量就可以保持低利率，从而推动消费和投资，以达到经济增长和就业增加的目的。正是在这样的政策环境下，20 世纪 70 年代高失业率与高通货膨胀得以同时出现，美国也由此开始步入一个长达 10 年之久的滞胀期。60 年代末至 70 年代初，石油价格呈现短暂上涨，如图 4.2 所示，这在一定程度上是对 60 年代末全球普遍的通胀压力的反应。

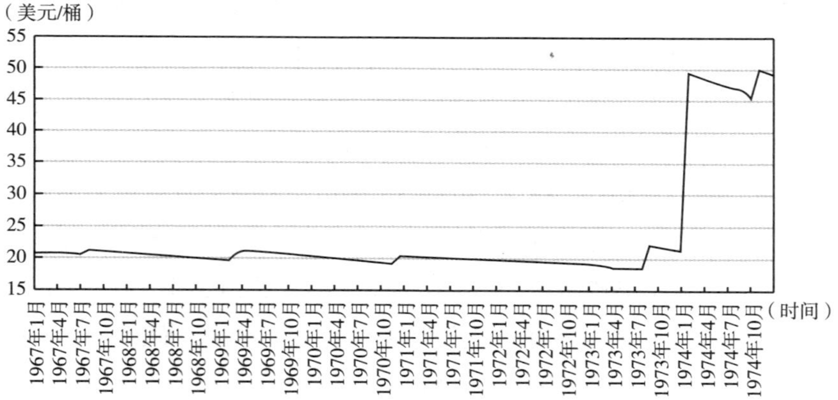

图 4.2　通货膨胀调整后的 WTI 原油实际价格走势（1967 年 1 月至 1974 年 12 月）

资料来源：EIA，Federal Reserve Economic Data。经 2012 年 9 月 CPI 价格指数调整后。

1975 年，美国与中东石油生产国相继签订协议，用美元作为石油的计价货币。这直接造成原油价格与美元汇率反向运动的逻辑关系。在整个 20 世纪 70 年代美元持续贬值，正好为此期间的石油冲击提供了充分的理由。70 年代的石油冲击，在很大程度上与布雷顿森林体系崩溃及当时美联储为应对政府高额赤字和遏制通胀的货币政策，所导致的美元危机及弱势美元有关。正是地缘政治动荡与石油美元秩序的共同作用，石油价格并未进行光滑连续的适应性调整，而是呈现离散式波动，如图 4.3 和图 4.4 所示。

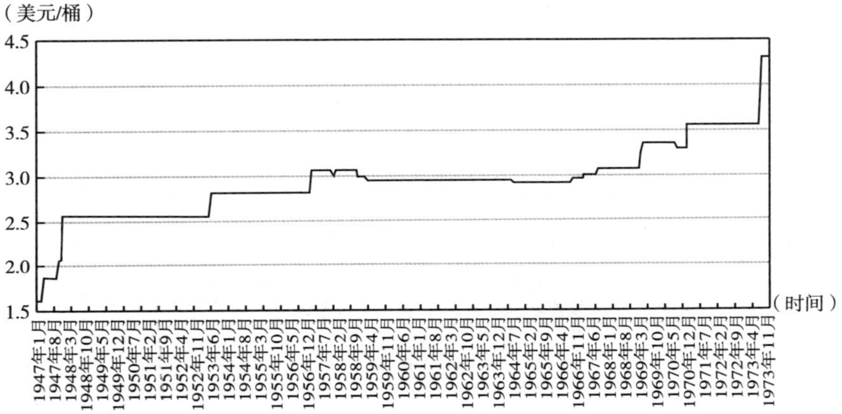

图 4.3　1947 年 1 月至 1973 年 12 月的 WTI 原油名义价格走势

资料来源：美国能源信息署（EIA）。

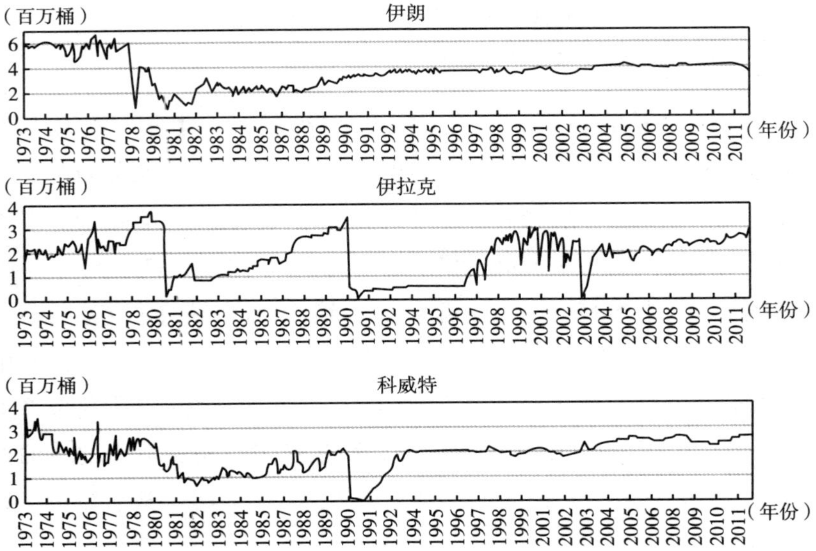

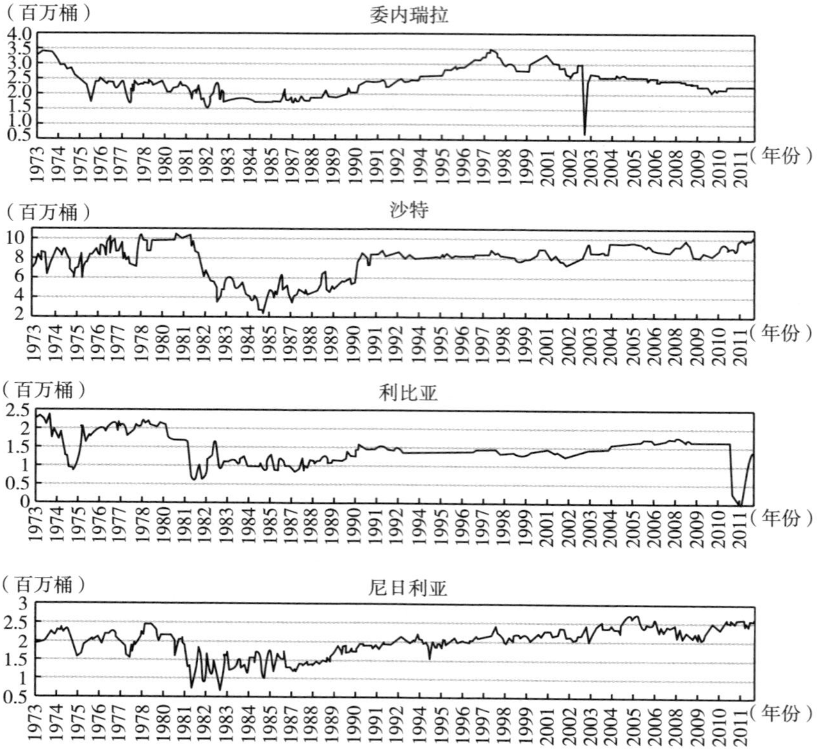

图 4.4　OPEC 主要七个成员国石油生产量

资料来源：美国能源信息署（EIA）。

Barsky 和 Kilian（2001）指出一系列导致了 20 世纪 70 年代早期的石油价格上涨的原因。首先，美国单方面解除外国中央银行将美元兑换黄金的条例，布雷顿森林体系的崩溃造成美元的大幅贬值，以美元计价的国际贸易大宗商品价格上涨。其次，1972～1974 年，美国 3 个月国债名义收益率低于 CPI 通胀率。负利率直接导致了商品价格的相对上涨（Frankel，2008），1971 年 8 月至 1973 年 8 月，PPI 指数中的木材价格指数上涨 42%，钢和铁价格指数上涨了 8%，有色金属上涨了 19%，食品和饲料上涨了 96%，而生产者价格指数中的原油指数上涨了 10%。1973 年 11 月全球进入了第二次世界大战后第一个最严重的经济衰退时期，此时产油区的地缘政治事件接连爆发。

到里根执政时期，通货膨胀大幅下降，而此时的美联储主席沃尔克是坚定的紧缩货币政策支持者。在沃尔克领导下，美联储将货币政策目标定位在抑止通胀的进一步上升并使其从当时两位数水平回落到20 世纪 50 年代 2% 的水平上。沃尔克坚定地推行旨在降低通胀的货币政策，使 80 年代初美国利率急剧上升。高息的强势美元政策，吸引了大量的外国资本流入美国，将美国推入强势美元时代。随后，石油价格开始下降，在 80 年代中后期，油价一直处于相对平稳状态。

1990 年的海湾战争，伊拉克和科威特的石油出口实行全面禁运，这直接导致国际市场的原油供给减少 470 万桶/天，约占全球总需求的 7%，造成国际油价大幅上涨，从战前的每桶 14 美元涨至 10 月的每桶 40 美元。但这一次 OPEC 其他成员国增产很快弥补了两国供给中断造成的供给缺口，油价很快回落，这次油价的涨幅并没有达到石油危机时期的实际价格水平，也没有对石油消费国造成冲击。经历 1997 年亚洲金融危机后，国际油价持续下跌，并在 1998 年创下了年均价格的历史低点。国际油价在经历了 1999 年和 2000 年的反弹后，开始回落，直到 2003 年开始进入了新一轮的上升周期。

4.1.3　2003～2011 年：油价异动与投机力量

国际油价自 2002 年后期开始呈现出上升趋势，并在接下来的几年间屡次创造历史纪录。2002 年 12 月至 2003 年 1 月间石油价格还在每桶 32.5 美元左右徘徊，随后在 2004 年油价超过每桶 40 美元，到 2005 年年初已达到每桶 57.9 美元。2003 年以来发生在产油国的一系列事件，以及全球石油需求的增长直接导致市场中的供需不平衡，油价在 2005 年 8 月超过每桶 60 美元，并很快在 2006 年年中达到每桶 75 美元，随后油价回落至每桶 60 美元上下。然而，2007 年年初油价再次急剧上涨，到年底已达每桶 99.29 美元。2008 年，油价经历了过山车般的剧烈波动，2008 年上半年油价持续攀升，7 月 11 日达到历史性高位 147.02 美元/桶，随后油价立即掉头向下，接着在 12 月 24 日跌至 34.3 美元/桶的历史低位。

2002～2003 年，OPEC 成员国不断出现政局动荡。首先，委内瑞拉的石油生产经历了 2002 年年底的石油工人罢工和 2003 年 1 月的政治动荡，在 2002 年 12 月至 2003 年 1 月间石油产量下降了 2.1 百万桶/天。其次，2003 年 3 月美国入侵伊拉克，导致 4 月至 7 月间的石油产量下降了 2.2 百万桶/天。此外，在此期间，非洲产油大国尼日利亚也经历了国内战乱，尼日尔三角洲地区民族武装之间发生暴力冲突，导致石油生产商纷纷关闭石油生产，使尼日利亚的石油总产量损失了 40%。Kilian（2008）认为应该将这些外生性的地缘政治事件列为第二次世界大战后的石油冲击。但是，这些地缘政治事件对全球实际石油供给并未造成显著的影响。如图 4.5 所示，给出在经历过委内瑞拉国内政局动荡以及第二次海湾战争后石油产量的变化情况，虚线表示 2002 年 11 月以来全球石油产量的变动百分比，实线表示 2002 年 11 月以来委内瑞拉和伊拉克总产量变动百分比，横轴表示自 2002 年 11 月后的月份数量。由此可以看出，两次事件在刚爆发时，确实

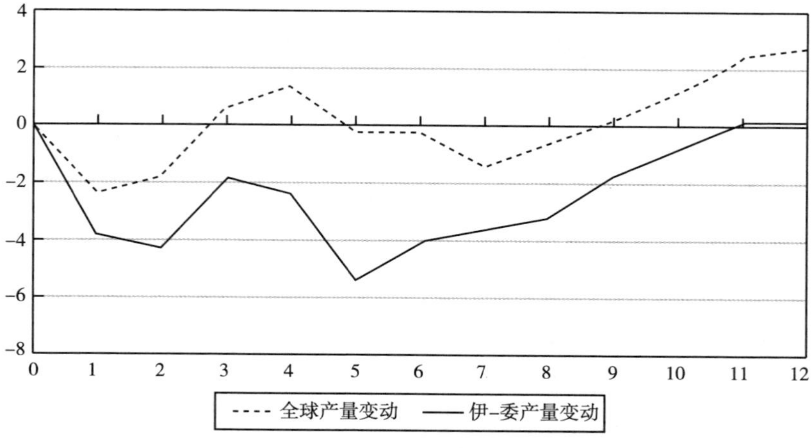

图 4.5　经历委内瑞拉政局动荡和第二次海湾战争后石油产量的变动

资料来源：美国能源信息署（EIA）。

对全球石油产量造成负向冲击，但这种冲击影响很快就被市场消化，在第二个月时全球石油产量的变动率已开始上升，并随着时间的推移，冲击对全球石油供给几乎不存在影响。正如石油价格实际表现的那样，在 2002 年 12 月至 2003 年 2 月呈现上涨态势，但上升相对温和且短暂。

2003 年 7 月，俄罗斯政府决定冻结最大石油生产商之一的尤科斯石油公司的所有资产和银行账户，中断了公司对世界的石油出口。同年 9 月，飓风伊万袭击了墨西哥湾，导致该地区石油减产 60%，该地区损失大约为全年生产总数的 7%。此外，由于飓风的影响，委内瑞拉运往美国的油轮延迟。美国在 2003 年经历了一个漫长而寒冷的冬天，导致取暖油消费增加。市场的种种迹象表明石油供给相对偏紧，但实际上，在整个 2003 年，全球石油产量持续显著增长。图 4.6 给出经过 12 个月移动平均处理后的全球石油产量数据。

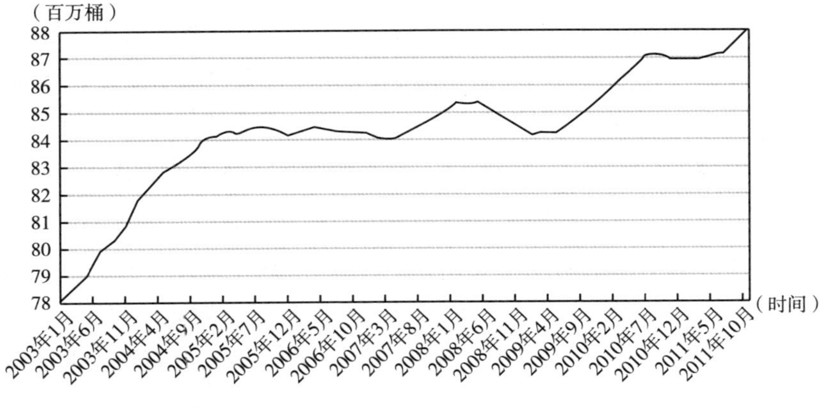

图 4.6　全球石油产量（2003 年 1 月至 2011 年 11 月）

资料来源：美国能源信息署（EIA）。

全球经济在 2004 ~ 2005 年取得了大幅增长，根据 IMF 的估计，全球实际生产总值年平均增长率达到 4.7%[①]。在此期间，全球石油

① 相关计算细节可参见 Hamilton（2009b，p. 229）。

消费增长了5百万桶/天，强劲的需求增长在一定程度上增加了这一时期油价上涨的压力。虽然，在最初一段时间，过剩产能使生产与需求保持同步增长。但是，石油生产在2005年以后持续很长一段时间没有增长。

2005年年初，持续中断一年的尼日利亚石油生产得以恢复，石油价格呈现轻微下降趋势。然而，油价的这种下降是短暂的，2005年3月油价再次上扬并在4月中旬达到每桶58.28美元。此时，美元的长期疲软在油价上得到体现，加剧了油价上涨趋势，并在6月终于打破了每桶60美元的关口。随后，2005年7、8月间的墨西哥湾的自然灾害造成石油大幅减产，7月5日的飓风辛迪、7月11日的飓风丹尼斯以及8月28日的飓风卡特里娜给墨西哥湾石油生产区的生产设施造成严重破坏，尤其是卡特里娜飓风更是给墨西哥湾的石油生产带来毁灭性的破坏，导致95%的石油生产和88%的天然气生产陷入停顿，也造成该地区大量炼油厂关闭（Hamilton，2011）。在2005年9月的第一周，油价高达65.67美元/桶。为了应对飓风造成的损失，缓解石油供给压力，美国政府释放了3000万桶石油战略储备，同时，美国能源部也释放了3000万桶商业石油库存。就在石油公司正从卡特里娜飓风造成的损失中摆脱时，遭受到飓风丽塔再次袭击，生产和炼油再次中断。大西洋飓风对石油生产的影响一直持续到2006年。

与历史上的其他石油冲击不同，2005~2008年并不存在影响石油市场的极端地缘政治事件。不少油田在经历过早期的持续性生产达到成熟之后，产量和储量都在逐年下降。2001年北海石油产量占全球总量的8%，但到2007年在此水平上下降2百万桶/天。作为最重要的石油生产国，沙特一直扮演着世界石油剩余产能供应国的角色，沙特的石油产量在2005年占全球的13%，但2007年的石油产量为850000桶/天，远低于2005年时的产量[①]。Simmons（2005）认为沙

① 资料来源：Energy Information Administration，Monthly Energy Review 2011，Table 11.1b.

特最大的加瓦尔油田开采量可能已经处于峰值状态。

在2007年的上半年，油价相对稳定，在60美元/桶徘徊，但没持续多久，在5月中达到73.93美元/桶。到10月，WTI原油交易价格达到90.02美元/桶，这个价格已超越了20世纪70~80年代的实际石油价格。2008年的国际油价经历了前所未有的大起大落，上半年价格一路猛涨，从年初每桶约100美元的价位，攀升至7月接近140美元的高位，WTI原油现货价格曾一度在7月11日达到145.66美元/桶的历史高位。但由于美国金融危机造成的全球经济放缓，以及OPEC大幅增产等，国际油价在2008年下半年呈迅速大幅下跌之势，并跌破40美元，首先是布伦特原油现货价格12月5日跌至37.94美元的低点，接着WTI原油价格在12月18日跌至36.22美元，12月24日布伦特原油和WTI原油现货价格同时跌至34.30美元、32.35美元的历史低位。

Hamilton（2009）认为2007年以来的石油价格持续上涨，供需偏紧是决定油价上涨的基本面因素，而美元贬值和投资资金大举进入石油市场则是推动油价运行的主要动力。Tang和Xiong（2010）以及Kilian和Murphy（2010）都提出2007年8月在负的实际利率影响下，大量投资资金进入大宗商品市场，放大了供需基本面的影响，导致石油市场和其他商品市场出现投机泡沫。2008年9月爆发的金融危机，使投机资金相继离场，国际油价骤跌。2007~2008年的油价暴涨是第二次世界大战后程度最大的一次，而始于2007年12月的经济衰退同样是第二次世界大战后最严重的一次，但这次经济衰退是由金融危机引起的，而不是石油供给的减少。

纵观2011年的国际石油市场，首先，地缘政治因素一度成为影响国际油价波动的因素，以利比亚为代表的中东、北非产油国政局的动荡；其次，欧美债务危机的阴影仍未散去，经济形势持续低迷。

在2011年的前4个月国际油价呈现持续波动上扬的特征。2011年1月末埃及政治动荡，2月利比亚又爆发冲突，造成石油市场对预期石油供给不确定的担忧，推动年初油价大幅上升。随后在美元疲软和利比亚冲突持续升级的推动下，国际市场担忧情绪加重，油价持续上涨，4 月 29 日的 WTI 原油刷新 2008 年金融危机以来的最高收盘价格达 113. 39 美元/桶。

2011 年下半年，利比亚动乱所带来的影响逐渐被市场消化，但在美元汇率走强和全球经济数据疲软等因素影响下，市场悲观情绪浓重，国际油价再次下探。IEA 和 OPEC 下调全球 2011 年、2012 年的石油需求预期的举动，进一步加剧了市场投资者对全球经济再次衰退的担忧情绪，国际油价一度跌破 80 美元的关口。欧债危机救助方案获得市场认可，提振了市场投资者的信心，石油市场的悲观情绪得到很大程度的改善，风险资金再次进入石油市场，到 2011 年年底的油价走势平稳，在 100 美元/桶上下小幅波动。

2008 年金融危机后，石油市场交易一直处于较为谨慎的状态。美国商品交易委员会（CFTC）定期公布期货市场扩容后的商业和非商业持仓报告，在一定程度上修补了石油期货交易中的监管漏洞，使市场交易信息更加透明，投机交易者利用期货市场进行投机的空间被进一步压缩。全球宏观经济复苏受欧债危机的影响反复波动，对投机资金在石油市场的运作产生不小的影响，市场投机行为的风险偏好发生改变。根据 CFTC 公布的 2011 年 WTI 原油期货持仓报告，除了年初利比亚战乱引发市场担忧情绪导致油价暴涨之外，全年原油期货市场平均交易活跃程度很低，尤其是非商业交易净持仓量一直维持在较为稳定的水平。

4.2 国际石油市场的金融性

石油市场的金融性首先来源于其独特的供需关系特征，石油供给和需求空间的不平衡是导致石油产生金融属性的根本原因。在不同的时期，不同特点的石油供给与需求状况会导致石油市场表现出不同于一般商品的供求规律和价格特征。在实际石油市场中，对于石油价格的这种不规律波动，通过金融手段对石油价格风险进行控制是一种行之有效的方法。石油期货市场规模的不断发展使石油的金融属性得到进一步强化，从以商品属性为主转换为由金融属性主导，石油期货交易已作为一种金融工具活跃于国际石油市场。

4.2.1　石油供需矛盾所决定的石油金融性

石油供给是由可采石油储量决定的，可采明储量则是指在当前市场价格和技术条件下开采，具有商业价值或能够产生利润的储备量。作为可耗竭资源，石油储量是有一定限度的，但其可采储量是一个取决于价格和技术水平的函数，在很大程度上取决于人们为获得石油而愿意支付的价格。石油的市场价格越高，人们从事勘探和开采的激励越大，因而其可采储量就越多。

事实上，20 世纪 70 年代的两次石油危机，以及现代经济生产对石油的日益依赖，引发了人们关于石油峰值的担忧。但是，石油价格的上涨可以通过市场价格调节机制，来推动石油开采技术进步、刺激勘探活动，从而起到增加供给的作用。全球石油可采储量不断增加，全球及 OPEC 和非 OPEC 的原油探明储量如图 4.7 所示。

图 4.7 表明，全球及作为主要产油国的 OPEC 成员国，其原油探明储量实际上是持续增加的，从 1980 年年底的 6834 亿桶上升到 1996 年年底的 10490 亿桶和 2011 年年底的 16526 亿桶。按照当年的日均产量，相应的可开采时间分别为 29.7 年、41.1 年和 54.2 年。石油勘探技术的发展使原有的油田可采储量不断上升，加上非常规性石油资源，如油页岩、沥青砂等还没有完全利用，所以在可预见的时期内，石油可采储量本身并不能对石油供给构成威胁。

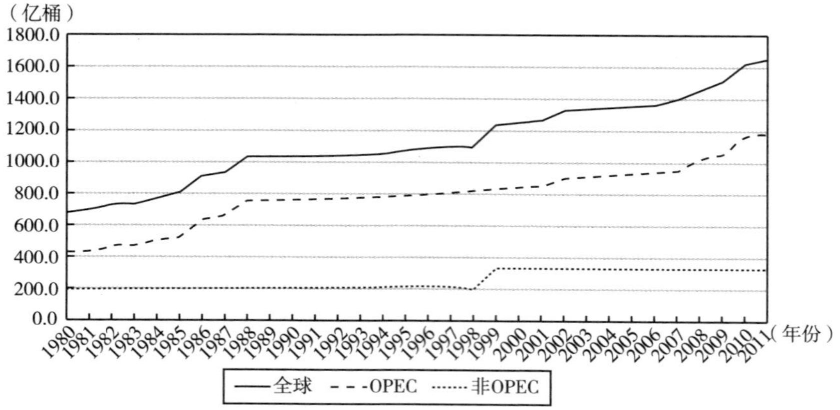

图 4.7　全球及 OPEC、非 OPEC 的原油探明储量（1985～2011 年）

资料来源：《BP 能源统计年鉴》，OPEC 网站。

我们根据石油探明储量和当年日均石油生产量可以计算出 1980～2011 年的石油可采时间。图 4.8 表明，在当年的石油生产水平下，探明储量可供开采的年限。全球原油可供开采的年数由 1980 年的 29.7 年上升到 2011 年的 54.2 年，同时，OPEC 开采年限则由 44.93 年增加到 91.5 年，并且均未出现明显的下降趋势。

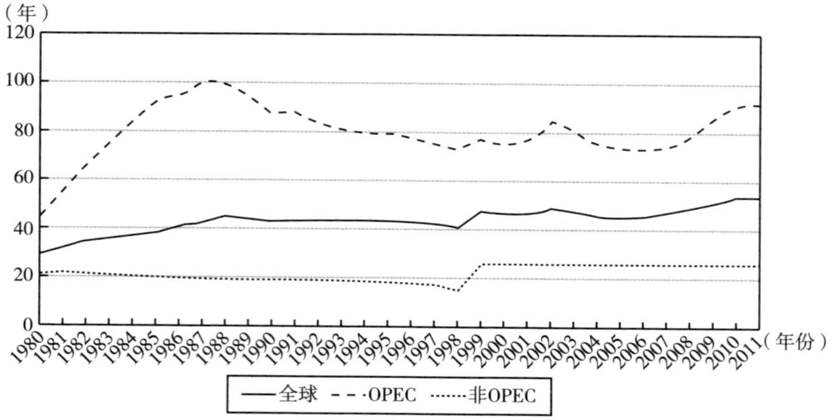

图 4.8　原油可供开采年限

资料来源：根据图 4.7 中数据计算得到。

从图 4.8 中我们发现，20 世纪 80 年代初，当国际油价处于上升势头时，OPEC 的可采年限大幅提高。此外，自 2005 年开始，OPEC 的可开采年限再次上升，并持续至 2009 年，与这一时期石油价格的快速上涨形成呼应。因此，可以认为尽管石油勘探进度对油价存在时滞性，但开采年限在一定程度上表明石油市场价格上涨对石油勘探具有显著的激励作用，有助于提高石油探明储量。

按照传统的市场供需理论，石油的价格上涨会刺激产油国提高产量，价格下跌则导致供给减少。但是，对于石油生产国而言，石油出口是其国民收入的支柱，因此为保证这种收入的可持续性，往往会在石油产量和价格之间寻找一个平衡点。图 4.9 给出中东地区石油产量与石油价格的关系。1965 ~ 1973 年，油价持续保持低位运行，促使中东国家不断增加产量以维持石油收入；1973 ~ 1975 年，OPEC 凭借其在石油生产上的垄断地位，采取石油禁运、减产等措施开始推高油价；1975 ~ 1978 年，在油价上升期间，中东石油产量保持稳定水平，并未扩大生产。1979 ~ 1985 年，油价开始从高位回落，石油产量迅速下降；1985 ~ 1998 年，油价持续低迷，导致中东地区石油产量不断提高，以弥补价格下跌所造成的收入损失；1998 ~ 2008 年，油价

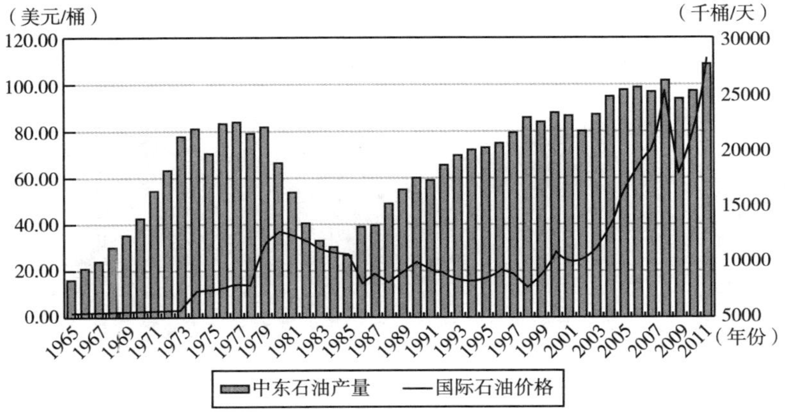

图 4.9 中东地区石油产量与国际石油价格（1965 ~ 2011 年）

资料来源：美国能源信息署（EIA）。

经历新一轮上涨周期，中东地区产量略有增加，但仍保持相对稳定水平，并未因油价高企而大幅扩大生产；2009 年，油价掉头向下，石油产量只是发生微小变动，并未因油价的下降而迅速减产。

通过对中东地区的产量与油价关系的分析知道，在大部分情况下，中东地区的石油产量与油价呈反向关系，甚至 2007 ~ 2008 年的油价飙升并没有促进主要产油国的石油生产。当高油价时，因为扩大生产会导致供给增加，收入下降，所以促使中东地区产量减少；当低油价时，石油生产国须扩大产量以维持稳定石油收入。

此外，石油库存也是供应体系的一部分，在石油市场中作为供需间的缓冲器。库存水平的变化直接影响国际石油市场供需差额的变化，释放库存可以使石油供给量增加，增加库存则使需求量上升。一般来说，当市场供需关系紧张时，往往存在着低库存和高油价；当供给充足时则往往是高库存和低油价状态。因此，石油库存的变化与价格往往呈现负向关系。图 4. 10 给出 1988 年 1 月至 2012 年 4 月的 OECD 石油库存水平与 WTI 原油价格的关系，OECD 石油库存水平与 WTI 油价很多时候呈现负相关关系，高库存伴随低油价，低库存伴随

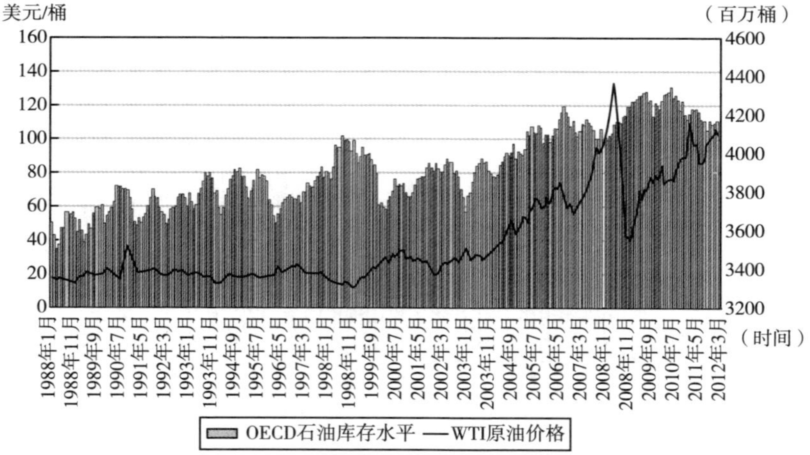

图 4. 10　OECD 石油库存水平与 WTI 原油价格（1988 年 1 月至 2012 年 4 月）

资料来源：美国能源信息署（EIA）。

高油价。

石油库存是一个存量的概念，具有稳定短期油价的作用。主动增加库存，库存就变成了需求，使市场需求增加，而市场供应未发生变化，因此价格将随之上涨；反之，主动减少库存，库存变成供应，使市场供应增加，市场需求未发生变化，因此价格将随之下降。

石油需求是一个包含实际需求、存货和投机活动的复合型问题（Noreng，2002）。第二次世界大战以来，全球对石油的需求持续增长，是世界经济活动增加、广泛的工业化发展以及社会福利标准改善的结果。同时，在 20 世纪全球化进程的作用，货物运输需求和人口流动性的急剧增加使石油作为重要能源的地位日益突出（Mitchell et al.，2001）。

如图 4.11 所示，从长期趋势来看，20 世纪 60 年代石油产出和消费几乎同步增长，在此期间的石油价格相对稳定。70 年代初期的产出缺口突然出现，国际油价大幅上涨，产出缺口一直持续至 80 年代初期。随后 20 世纪 80 ~ 90 年代的石油生产适应性调整使石油价格回落，名义价格维持在每桶 25 美元上下的水平。但是，产出缺口一

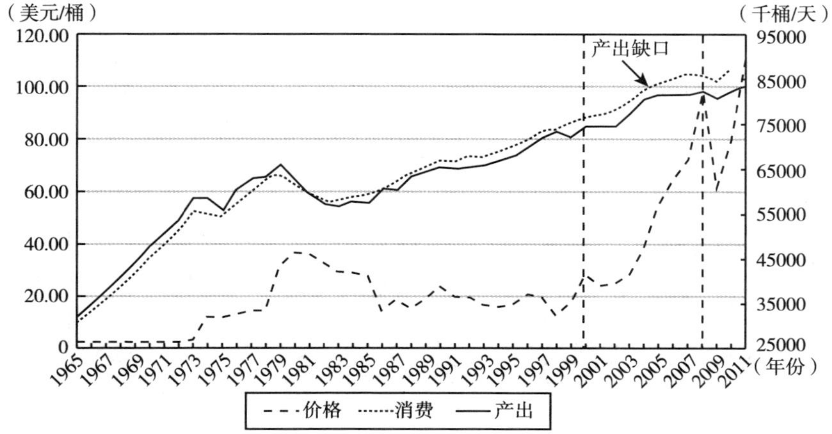

图 4.11　全球石油产出量、消费量与价格的长期关系

资料来源：美国能源信息署（EIA）。

直存在，尤其是2000年以后产出缺口逐渐扩大，供需结构矛盾升级，与此同时，油价开始一轮空前的上涨周期。

全球经济增长与石油需求之间具有密切的双向关系。经济增长会刺激石油需求，而石油需求的增加将引起油价的上涨；油价的上涨，则会在某种程度上抑制石油需求，阻碍经济增长。但是，由于短期内石油没有合适的替代品，石油的需求价格弹性较小（缺乏弹性），石油价格上升所造成的石油需求下降是比较少的。

在工业革命后的100多年，经济增长一直是不对称的，富国比穷国发展得更快，虽然富国人口占世界人口比例日益减少。但是，自20世纪70年代，这种状况开始缓慢发生改变，尤其是在过去的10年里，世界经济增长构成发生了显著转变，非经合组织国家和地区对世界经济增长的贡献率已超过40%。进入21世纪，世界经济增长速度加快，特别是美国经济增长势头强劲，新兴经济体经济规模逐渐扩大，全球的石油需求在经历20世纪90年代的低迷状态后逐步恢复。

图4.12给出全球不同地区的年石油消费量，北美和欧洲地区一直保持着稳定且较高的石油需求量，从20世纪60年代开始，西方经济体的石油消费量就一直占据全球消费量的一半以上。作为新兴经济的代表亚洲地区，随着经济规模的扩大，石油需求也稳步增加。

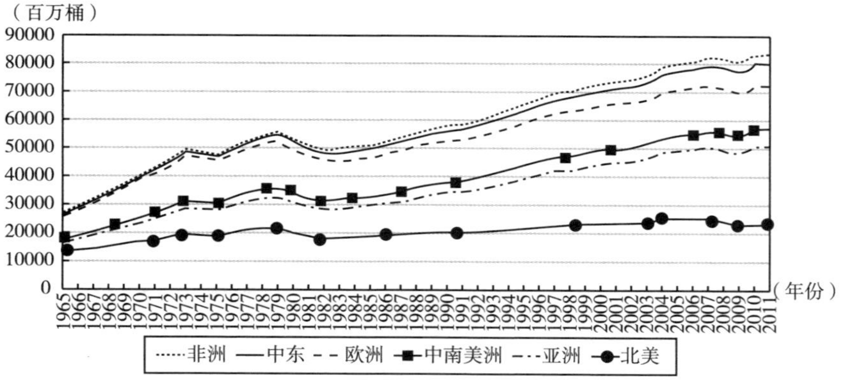

图4.12　全球不同地区的石油消费规模

资料来源：BP能源统计年鉴。

通过以上对石油供给与需求的深入分析，可以认为石油所具有的供求特点——全球范围内供需空间分布不均衡是石油市场金融化的根源。石油是一种可耗竭能源，因此每提炼一桶将用数百万年的时间来偿还。随着开采的加剧，石油生产（供给）的扩张受到限制（EIA Outlook，2008）。另外，全球石油需求的增长增加了对于石油储量以及能维持时间的不确定性。当前和预期未来石油供给和需求间的不平衡催生了石油市场的金融属性。

就石油资源分布而言，中东、北非、俄罗斯以及北美的石油可开采储量占全球的 80% 以上，其中中东地区可采储量占全球的 50% 左右，世界石油供应更加依赖于中东产油国。就石油需求面而言，当前全球石油需求 80% 以上集中在北美、欧洲和亚太地区，如图 4.13 所示。

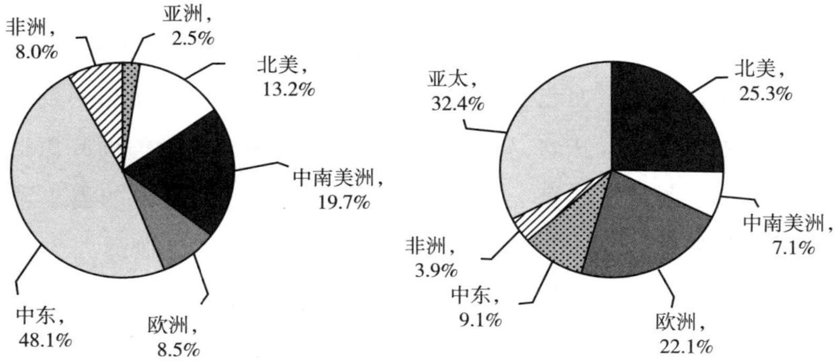

图 4.13　2011 年全球石油储量与石油消费分布情况

资料来源：BP Statistical Review of World Energy 2011.

石油的特殊性决定了石油价格的复杂性，而石油生产国和消费国、OPEC 成员国之间以及 OPEC 和非 OPEC 产油国之间复杂关系，则进一步增加了石油供求关系的复杂性，造成国际石油市场成为垄断与竞争并存、经济因素与非经济因素相互交织的市场。从而使石油价格受到自然因素、经济因素、政治因素，甚至社会因素和军事因素等诸多因素的共同影响。

基于石油资源分布的不均衡，以及对消费国经济发展的制约，使更多的石油消费国开始寻求利用金融手段增加石油市场的控制力。因此，国际石油市场在与金融市场相互渗透的过程中，逐渐发展成为一个高度复杂的多层次、综合性的市场。在这个相互渗透的过程中，石油期货市场规模不断扩大，石油的商品属性逐渐向金融属性转变，石油期货也成为一种金融工具存在于国际金融市场中，使投资银行、对冲基金等机构投资者更广泛地参与到石油期货市场中，石油市场的金融属性日益彰显。

通过以上分析，我们可以判断石油市场供给与需求因素远远不能解释 2007 ~ 2008 年的国际油价"过山车式"的巨幅波动。若根据部分经济学家（Hamilton，2009；Kilian，2009）所说，新兴经济体新增石油需求是推动 21 世纪以来的油价上涨原因，那么为什么油价上涨的趋势会在金融危机爆发后终止，甚至完全反向运动呢？从 2006 年中期至 2007 年中期，在现实石油市场中，中国总需求水平上升时，石油价格却在下降，而当中国总需求开始下降时，石油价格不仅不降反而快速上升。这意味着，在此期间的中国总需求波动与国际原油价格波动出现了脱钩。也就是说，2006 年中期以后，中国的需求不再是推高国际油价的最大因素，油价的暴涨也不应简单地归因于"中国因素"。相反，来自西方发达国家需求的增加和产油国产量的减少，以及美国次贷危机爆发后大量投机资本从证券市场撤出，涌入大宗商品市场才是油价暴涨的主要动因。

4.2.2 由期货市场主导的石油定价体系

由于石油生产和消费的短期价格弹性较小，石油生产者和消费者对油价波动反应需要一定的时间，会表现出一定的惯性或者黏性。正是石油供需这种无法适应价格变化而进行及时、有效的调节是油价剧烈波动的根本原因之一，也是石油期货市场得以存在和发展的根本前提。

国际市场上的石油价格主要有两种：一是期货市场中的期货价格；二是现货市场中的现货价格。国际石油贸易是以原油贸易为主，原油期货价格是石油市场的定价基准。20 世纪 70 年代两次石油危机导致油价剧烈波动，为迎合消费国规避石油价格风险的需求，石油期货合约应运而生。历经 30 多年的发展，石油期货已经成为全球最大的商品期货品种，美国纽约商品交易（NYMEX）于 1986 年推出西得克萨斯中质原油（WTI）期货合约，1988 年英国国际石油交易所（IPE）推出布伦特（Brent）原油期货合约。石油期货市场发展迅速，无论是从时空布局、交易规模、交易品种、交易方式还是市场参与者结构来看，石油期货市场已成为国际金融市场不可或缺的一个重要组成部分。

如表 4.1 所示，在国际石油市场中，石油定价参照基准油，不同交易地区所选择的基准油是不同的。在欧洲地区交易的，基本选择布伦特原油；在北美地区交易的，选择西得克萨斯中质油；中东出口到远东的原油选择阿曼和迪拜原油。

表 4.1　　　　全球基准油一览表

地区	定价标准
欧洲	洲际交易所（IEC）布伦特原油（轻质低硫油）定价
北美	纽约商品交易所（NYMEX）WTI 原油（轻质低硫油）定价
中东	出口北美的原油参照 WTI 原油，出口欧洲的原油参照布伦特，出口远东的原油参照迪拜/阿曼原油的普氏报价
亚太	印度尼西亚米纳斯原油；马来西亚塔皮斯原油

国际石油市场中备受关注的美国西得克萨斯中质原油（API 重度[①]

---

① 美国石油协会所编制的 API 重度（American Petroleum Institute Gravity）是划分石油等级的重要指针，衡量一种油品相对于水的轻重指标。油是比水轻的，水的 API 重度是 10，API 值大于 31.1 被称为轻质原油，中质原油大于 22.3 小于 31.1，重质原油的 API 值小于 22.3，超重油、稠油和沥青油的 API 值低于 22.3。一般来说，API 值在 40 ~ 45 之间的原油最易于加工，因此其价格也越高。高于 45 的原油则由于其原油分子链过短而增加了提炼的难度，因此也不受市场的青睐。

为39.6）和英国北海布伦特原油（API重度为38.3）都是非常好的轻质原油。一般重质油的市场吸引力较小，因为它对提炼工艺和时间要求更高，而在同样情况下，轻质油的汽油产量更高。美国西得克萨斯轻质原油（WTI）是轻质低硫原油，含硫量为0.3%，品质很好，其价格走势可以引导其他低硫轻质原油的价格走势。英国布伦特原油也属于品质较好的低硫轻质原油，含硫量为0.4%。阿联酋迪拜原油则是一种高硫重质原油，在三种基准原油中品质最差，其价格走势通常反映高硫重质原油的价格走势。

石油市场的供求双方在签订合约时，一般选择一种或几种参照原油价格为基础，再加上升贴水：

$$P = A + D \tag{4.1}$$

其中，P为原油结算价格，A为参照基准价格，D为升水、贴水。参照价格不是某种原油在某个具体时间的具体成交价，而是以基准油在交货或提单日前后某一段时间的现货交易或期货交易价格加上升贴水作为原油贸易的最终结算价格。

石油期货交易具有固定的交易程序和严格的交易规则，交易标的是标准化的期货合约。交易所虽然规定了每个期货合约的交割时间和交割地点，但实际上原油期货合约的购买者并不实际提取原油现货，只是在一定期限内，买卖双方为寻找获利机会而利用期货交易和现货交易的形式进行套利。通过买卖双方对未来石油价格的预期，在石油期货市场上公开竞价，这反映了石油市场供求关系的连贯性和超前性。同时，也为石油生产者和消费者提供了价格风险管理工具。

在欧洲地区交易和向该地区出口的原油定价都应参考北海布伦特轻质原油定价。洲际交易所（ICE）的北海布伦特原油市场发展相对成熟，既有现货市场又有期货市场，西北欧原油、地中海原油、西非原油、俄罗斯原油均参照布伦特原油定价，占全球石油贸易总量的70%左右。与欧洲市场一样，北美原油市场也比较成熟，主要参照美国西得克萨斯中质油（WTI）定价。由于美国是全球石油最大消费国，其金融市场发达，WTI 原油即期合约被很多投资者视为国际能源市场衡量原油价格变化的基准价。

亚太地区由于没有成功的原油期货市场，参照价格主要是根据一些价格评估机构对基准原油现货交易价格的估计指数。所以亚洲的原油价格不能通过期货市场公开透明的竞价机制形成。报价基于现货市场每日的交易情况而评估出来的一个价格指数，但由于现货市场参与者较少，容易被操控，这种报价存在很大的局限性，难以客观地反映出东北亚地区真实的市场供求关系，导致中东销往东北亚地区的离岸价格比销往欧洲、北美洲地区平均高出约 1 美元/桶。

在石油期货市场中，作为一种金融工具，石油期货合约并不代表持有者对石油的所有权，而是代表在某一时间某一条件下，转移为一定数量的石油资产或者石油资产与约定价格间的价差，持有者从石油资产的价值变化中获取“价值”。对于拥有石油相关业务的主体来说，石油的这种“价值”体现为一定的成本代价，实现持续稳定的现金流。另外，对市场其他主体而言，这种“价值”需要通过承担一定的市场风险来获取收益。通过石油期货市场交易，市场风险在不同参与者间实现重新分配，最终决定形成石油期货价格。

4.3　国际石油衍生品市场

通过以上对石油历史价格及石油金融属性的分析，我们知道，自 1861 年以来，世界石油市场经历了复杂与反复的变化。但不可否认，石油市场的规模在不断扩大，市场的参与者也在不断增加。随着石油市场与金融市场的融合，市场中的参与者除了涉及石油业务的生产者与消费者外，还有大量的金融投资公司、投资银行、对冲基金等涌入石油市场。作为国际金融市场的一部分，石油期货市场可以提前反映市场的供需状态，还使石油变为一种金融资产，石油价格的波动也不可避免地成为一种金融现象。

4.3.1 国际石油衍生品市场的构成与发展

由于全球石油贸易的方式和计价体系相当复杂，直接导致石油衍生品的种类和结构成为所有商品衍生品中最为复杂的。根据交易场所的不同，石油衍生品交易可分为场内交易和场外交易两种。场内交易（On - Exchange）是在交易所内集中进行石油期货期权标准合约的买卖。场外交易（Over The Counter）也称柜台交易，是在交易所之外，交易双方通过私下协商进行的没有标准合约的交易。随着石油衍生品市场竞争的加剧，场外衍生品和工具的创新，场内和场外交易表现出越来越强的互补性。

目前，全球范围内运作成功的石油期货市场中有两个原油期货合约和四个成品油期货合约：美国的纽约商品交易所（NYMEX）的西得克萨斯中质油，英国的国际石油交易所（IPE）的北海布伦特油及NYMEX 的取暖油、无铅汽油，IPE 的轻质柴油，新加坡交易所 SGX 的燃料油。此外，中国上海燃料油期货交易所（SHFE）在燃料油定价上的影响力也日益显著。

从石油衍生品的种类来看，包括期货、期权、远期以及互换交易。场内交易主要是以绝对价格作为交易价格，场外交易中既以绝对价格又有以价差（spread）为交易价格。但无论场内交易还是场外交易，在全球商品期货交易中，能源类期货交易占全部商品期货交易份额的 35% 左右，如表 4.2 所示。在能源类期货交易中，石油衍生品市场的交易规模逐年增长，其中以原油期货期权交易最为活跃，如图 4.14 所示。

表 4.2　2003～2009 年全球能源期货交易在商品期货交易中的地位 单位:%

分类	2003 年	2004 年	2005 年	2006 年	2007 年	2008 年	2009 年
农产品	45.46	42.40	43.50	44.54	46.04	47.51	40.13
能源	31.80	34.19	36.13	35.15	35.40	31.02	28.37
非贵金属	13.21	14.78	12.88	10.60	10.77	9.40	20
贵金属	9.42	8.51	7.28	9.32	7.50	9.64	6.54
其他	0.10	0.12	0.22	0.40	0.30	2.43	4.94

资料来源：美国期货业协会美国期货业协会（FIA）。

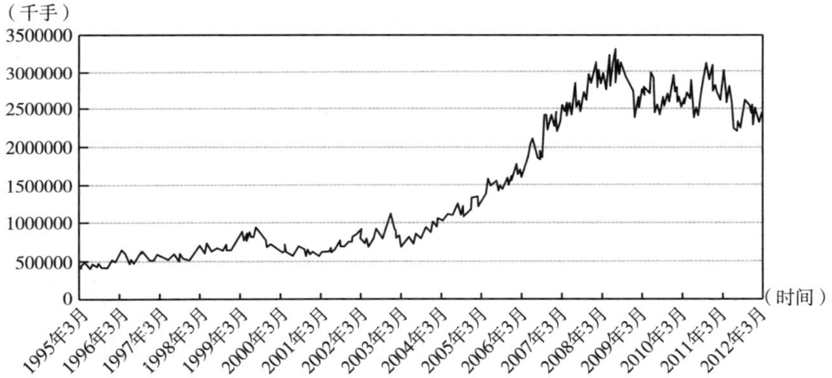

图 4.14　纽约商品交易所 WTI 原油期货期权交易统计

资料来源：美国商品交易委员会（CFTC）网站。

石油衍生品场外交易市场缺乏统计数据难以准确估计，因而本节所列举的数据均为交易所场内的石油期货期权交易数据。但一般认为，场外交易以互换和远期为主，其交易规模应远大于场内交易规模。

4.3.2 石油期货市场的有效性分析

石油期货交易所以公开竞价的交易方式形成了市场对未来石油供需关系的预期，而基准价格往往与石油期货市场的价格直接关联，因此期货价格在很大程度上影响了现货价格。本节首先分析目前国际石油价格的定价体系，在此基础上，进一步考察石油期货市场的价格发现功能，以判断石油市场的运行效率。

传统的研究一般将期货市场的价格发现功能理解为期货价格可以预测（或发现）未来（期货到期时刻）的现货价格，即期货价格是未来现货价格的无偏估计，价格发现过程是指期货市场中的投资者通过交易行为将新信息反映到期货价格的过程，并以此来定义期货市场的有效性。因此，期货市场价格发现功能的研究主要基于有效市场假说认为如果所有投资者都是理性的，如果石油价格不会因为新信息的公布而受到影响，则市场对信息的反应是有效率的。但现实中，石油期货市场是否真的具有有效性？本节将通过考察不同期限的石油期货合约价格预测模型对未来石油现货价格的预测精度，来分析石油期货市场是否满足有效市场假设。

4.3.2.1 基于期货价格的预测模型

在众多的石油价格预测模型中，利用期货价格预测现货价格的金融模型，以及基于原油市场结构的结构模型，是现有研究方法中最主要的两种。本节将给出基于石油期货价格的预测理论模型。

令 $F_t^{(h)}$ 表示在 h 期交割的当前期货合约的价格，S_t 表示当前的石油现货价格，$E_t[S_{t+h}]$ 表示基于 t 时的信息预期 t + h 期的现货价格。这个模型意味着现货价格的变化是不可预测的，所以对未来现货价格的最好预测是当前的现货价格：

$$\hat{S}_{t+h|t} = S_t,\ h = 1,\ 3,\ 6,\ 9,\ 12 \tag{4.2}$$

接下来，我们考虑基于石油期货价格的两种预测模型。第一种模型简单地将当前期货价格水平作为预测变量；第二种模型是基于期货价差。

一般认为，石油期货价格是可获得的最好的对未来价格的预期变量：

$$\hat{S}_{t+h|t} = F_t^{(h)},\ h = 1,\ 3,\ 6,\ 9,\ 12 \tag{4.3}$$

另一种预测石油现货价格的方法是将现货价格和期货价格间的价差作为石油价格上涨或下跌的指标（Gramlich，2004）。如果期货价格等于预期现货价格，价差则是现货价格预期变化的指标。这种方法的基本原理就是将 $F_t^{(h)} = E_t[S_{t+h}]$ 除以 S_t，得到 $F_t^{(h)}/S_t = E_t[S_{t+h}]/S_t$。

我们基于价差的预测存在几种可选择的预期模型，其基本预期模型为：

$$\hat{S}_{t+h|t} = S_t[1 + \ln(F_t^{(h)}/S_t)], h = 1, 3, 6, 9, 12 \tag{4.3}$$

在允许价差可能是有偏预测变量情况下，通常放松对截距为零的假设：

$$\hat{S}_{t+h|t} = S_t[1 + \hat{\alpha} + \ln(F_t^{(h)}/S_t)], h = 1, 3, 6, 9, 12 \tag{4.4}$$

或者，放松比例约束：

$$\hat{S}_{t+h|t} = S_t[1 + \hat{\beta}\ln(F_t^{(h)}/S_t)], h = 1, 3, 6, 9, 12 \tag{4.5}$$

最后，我们可以得到放松无偏和比例约束：

$$\hat{S}_{t+h|t} = S_t[1 + \hat{\alpha} + \hat{\beta}\ln(F_t^{(h)}/S_t)], h = 1, 3, 6, 9, 12 \tag{4.6}$$

其中，$\hat{\alpha}$ 和 $\hat{\beta}$ 表示在递归回归中获得的最小二乘估计。

4.3.2.2　数据描述

本节选取纽约商品交易所交易的 WTI 原油期货价格，时间序列开始于原油期货首次交易时 1983 年 4 月，至 2007 年 10 月。NYMEX 轻质低硫原油期货交易期限长达 7 年，交易合约终止于交割月前一个月的第 25 个公历日之前的第 4 天交易收盘时，如果第 25 个公历日是非工作日，交易应止于第 25 个公历日前最后一个工作日之前的第 4 个交易日收盘（Alquist and Kilian，2010）。

本节选用月度数据作为分析对象，石油期货价格是选取纽约商品交易所 WTI 原油价格，选择了 1 月、3 月、6 月、9 月、12 月的期货合约每月最后一个交易日的收盘价；现货价格是选用每月最后一个交易日的收盘价和倒数第二个交易日的收盘价。如果某月最后一个交易日或倒数第二个交易日的交易数据缺失，则使用最接近月末的两个连续交易日的收盘价来代替该月的现货价格。图 4.15 描绘出 1 月、3 月、6 月、9 月、12 月的石油期货合约价格和原油现货价格的走势。

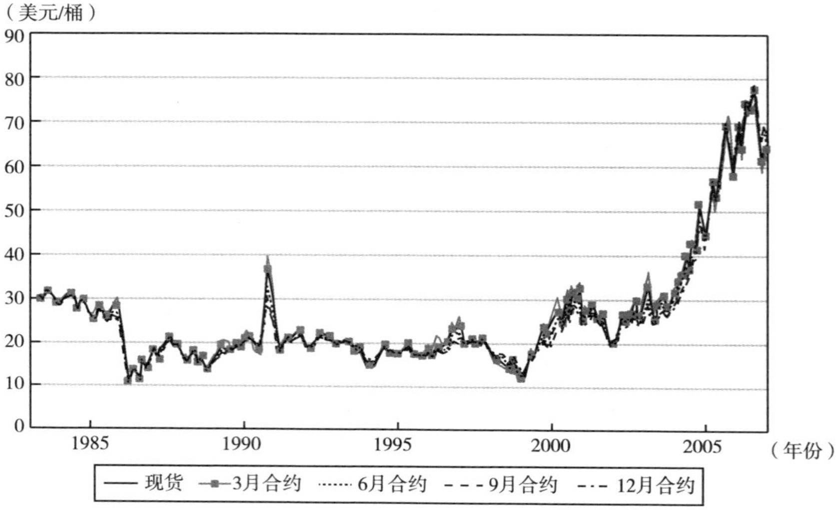

图 4.15 WTI 原油现货价格和 WTI 原油 1 月、3 月、6 月、9 月、12 月期货合约价格

资料来源：美国能源信息署（EIA），wikipedia. org.

政策制定者和公众普遍认为石油期货市场为抵御市场风险提供有效的保障。如果石油市场是有效的，那么人们就能够预期长期的市场交易活动。图 4.16 给出不同月份合约的月度交易量。在样本区间内，石油期货市场中的交易量显著增长，特别是 1 月和 3 月合约，6 月合约交易量则相对较少。纽约商品交易所于 1989 年引入了超过 12 个月的期货合约，1999 年又引入 7 年期货合约。从图 4.15 可以看到，市场对于短期合约的兴趣要远大于长期合约，长期合约的交易量一直处于低迷状态。

当市场上只有少量期货交易时，无法通过长期期货进行预测，因此，在本节的实证研究中将期货合约限制在 1 年以内。根据图 4.15 中的不同

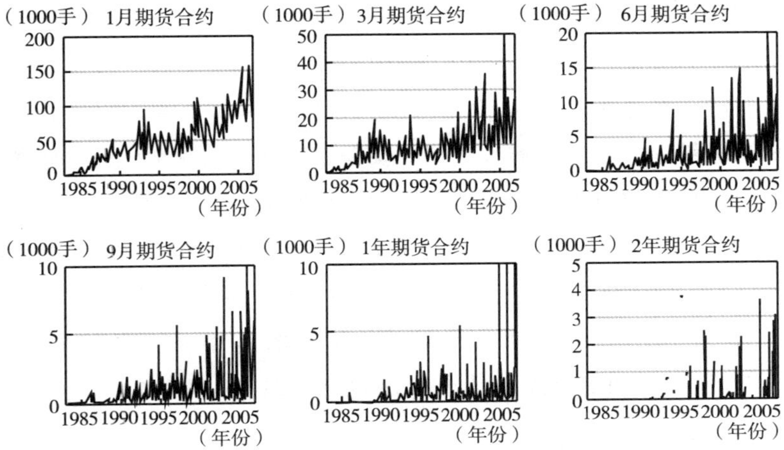

图 4.16　不同到期日的期货合约交易量

资料来源：美国商品期货交易委员（CFTC）网站。

期货合约交易量数据，我们发现公众和政策制定者对石油期货市场对抗长期风险的能力过度自信，超过1年的期货价格中信息含量很少，仅依赖这些数据进行分析决策是不明智的。然而不少政策制定者倾向于根据长期合约的期货价格预测石油期货价格，如 Greenspan（2004）。

4.3.2.3　实证结果分析

评价一个预测模型的预测精度须依赖于预测因子的损失函数（Elliott and Timmermann，2008）。预测误差的衡量包括平均方差预测误差（Mean Squared Prediction Error，MSPE）和平均绝对预测误差（Mean Absolute Prediction Error，MAPE），MSPE 是计算实际值与预测值的预测误差后取平方并加以平均，MAPE 则考虑了误差的绝对距离。此外，针对预测的方向是否与实际值相同，可采用符号正确率衡量，将预测值对实际值的方向准确性转化为比率，在计算其标准差后，即可采用标准常态分配予以检验（Pesaran and Timmermann，1992）。通过考虑模型所预测值与实际值间的方向是否相同，也可比较出模型的好坏，若成功率低于50%时，则代表此模型对于价格变动方向的预测能力还不如随机猜测的50%好。

表4.3分别列出了无变化预测模型基于1月、3月、6月、9月、12月期货合约价格和期货价差的不同预测模型对未来现货价格预测值的检验结果，包括平均方差预测误差、平均绝对预测误差、预测偏差以及准确预测现货价格方向改变的成功率。预测估计值的区间为1991年1月至2007年10月，基于1月、3月期货合约价格的估计样本区间开始于1983年4月，基于6月期货合约价格的估计窗口开始于1983年10月，基于9月期货合约价格的估计开始于1986年12月，基于12月期货合约价格始于1989年1月。

表4.3　基于不同期限期货合约的递归预测误差分析

		MSPE	偏差	MAPE	成功率
$\hat{S}_{t+1\|t}$	S_t	7.425	0.85	2.415	
	$F_t^{(1)}$	0.822	0.186	0.725	0.462
	$S_t[1+\hat{\alpha}+\hat{\beta}\ln(F_t^{(1)}/S_t)]$	0.953	0.194	0.884	0.455
	$S_t[1+\hat{\beta}\ln(F_t^{(1)}/S_t)]$	0.947	0.146	0.875	0.503
	$S_t[1+\hat{\alpha}+\ln(F_t^{(1)}/S_t)]$	1.015	0.163	0.938	0.516
	$S_t[1+\ln(F_t^{(1)}/S_t)]$	1.000	0.172	0.985	0.525
$\hat{S}_{t+3\|t}$	S_t	23.769	0.325	2.795	
	$F_t^{(3)}$	0.785	0.716	0.962	0.495
	$S_t[1+\hat{\alpha}+\hat{\beta}\ln(F_t^{(3)}/S_t)]$	1.149	0.233	1.079	0.500
	$S_t[1+\hat{\beta}\ln(F_t^{(3)}/S_t)]$	1.163	0.745	1.045	0.438
	$S_t[1+\hat{\alpha}+\ln(F_t^{(3)}/S_t)]$	1.000	0.185	1.068	0.417
	$S_t[1+\ln(F_t^{(3)}/S_t)]$	0.857	0.479	1.052	0.490
$\hat{S}_{t+6\|t}$	S_t	38.573	1.315	4.526	
	$F_t^{(6)}$	1.059	1.115	1.052	0.457
	$S_t[1+\hat{\alpha}+\hat{\beta}\ln(F_t^{(6)}/S_t)]$	1.725	1.018	1.095	0.455
	$S_t[1+\hat{\beta}\ln(F_t^{(6)}/S_t)]$	1.328	1.846	1.068	0.471
	$S_t[1+\hat{\alpha}+\ln(F_t^{(6)}/S_t)]$	1.212	1.145	1.072	0.492
	$S_t[1+\ln(F_t^{(6)}/S_t)]$	1.058	1.547	1.055	0.460

续表

		MSPE	偏差	MAPE	成功率
$\hat{S}_{t+9\mid t}$	S_t	50.048	1.913	4.758	
	$F_t^{(9)}$	1.205	3.015	1.034	0.529
	$S_t[1+\hat{\alpha}+\hat{\beta}\ln(F_t^{(9)}/S_t)]$	1.193	2.625	1.057	0.537
	$S_t[1+\hat{\beta}\ln(F_t^{(9)}/S_t)]$	1.247	3.201	1.085	0.540
	$S_t[1+\hat{\alpha}+\ln(F_t^{(9)}/S_t)]$	1.216	2.572	1.037	0.575
	$S_t[1+\ln(F_t^{(9)}/S_t)]$	1.168	3.145	1.055	0.514
$\hat{S}_{t+12\mid t}$	S_t	78.482	2.048	5.042	
	$F_t^{(12)}$	1.174	4.110	1.008	0.528
	$S_t[1+\hat{\alpha}+\hat{\beta}\ln(F_t^{(12)}/S_t)]$	1.215	3.942	1.083	0.572
	$S_t[1+\hat{\beta}\ln(F_t^{(12)}/S_t)]$	1.286	4.412	1.015	0.539
	$S_t[1+\hat{\alpha}+\ln(F_t^{(12)}/S_t)]$	1.192	4.003	1.074	0.532
	$S_t[1+\ln(F_t^{(12)}/S_t)]$	1.255	4.019	1.062	0.547

首先，比较期货价格预测模型和无变化预测模型的实证检验结果。如表 4.3 所示，根据每个不同合约期限水平的无变化预测模型与期货价格预测模型的实证结果可以知道，无变化预测模型的平均方差预测误差均比基于 1 月、6 月、9 月和 12 月的期货合约价格预测模型的要小，并且只有基于 3 月期货合约价格的预测模型的预测准确性较高，但这种预测精度在统计上是不显著的。此外，就平均绝对预测误差而言，随机预测模型在每种期限水平上都是相对精确的。与期货价格预测模型相比，随机游走预测模型具有更小的偏差。期货价格预测模型在预测未来现货价格波动方向上也不具有优势，只有 9 月和 12 月期货合约水平上的成功比率分别在 10% 和 5% 的临界值水平上是统计显著的。基于以上分析，我们知道在本节所选择的样本区间内，石油期货价格并不一定能比当前现货价格更精确地预测未来石油现货价格。这个结论非常重要，因为这与普遍认为当前期货价格能很好地主导未来现货价格的观点不一致。

其次，我们利用递归方法估计了期货价差预测模型的精度。表

4.3 中的结果表明，在 6 月、9 月和 12 月期限水平上，无变化预期模型的 MSPE 比基于期货价差的预测模型小。在 1 月和 3 月期限水平上，有局部期货价差预测模型的 MSPE 比不考虑期货的预测模型更低，但是这在统计上不显著，也没有一个期货价差预测模型的系统性预测能力相对较强。因为较长到期期限的期货价格对到期日的现货价格存在系统性偏差，并且其自身的波动比到期日现货价格的波动更大。受到油价波动增加的影响，交易者普遍预期未来现货价格的波动将更加剧烈，这种预期甚至远超过真实的价格波动。

就 MAPE 的排列而言，无变化预测模型在所有合约期限水平上都相对精确，这个结果与先前基于期货价格预测模型的实证结论一致。另外，期货价差预测模型在 9 月和 12 月的期限水平上的价格变化方向预测成功率高于 50%，并且在统计上是显著的，但没有证据表明这种高于 50% 的预测成功率在短期期限水平上也存在。通过以上对实证检验结果的分析，我们知道，实际上，石油期货价格预测模型和期货价差预测模型对未来现货价格的预期精度都低于无变化的预测模型。那么，是什么原因导致了石油期货价格预测模型的 MSPE 比无变化的预测模型大？为此，我们将期货价格对无期货预测的偏离程度用百分比形式表示：$f_t^{(h)}-s_t$。

$F_t^{(h)}$ 的 MSPE 相对高于 S_t 的原因主要有两个：第一，预测偏差高；第二预测方差高。如表 4.4 所示，我们主要考察 3 月和 12 月两种期限的期货合约价格，首先估计了 $F_t^{(h)}$ 对 S_t 偏离程度的均值。利用异方差和自相关一致（HAC）的标准误差，3 月和 12 月两种期限的期现货价差在 1% 的水平上显著不为零，并且平均偏差的规模均相对较小。

表 4.4　　期货价格与现货价格价差的特征

	3 月合约	12 月合约
均值	-1.10	-4.26
平均偏离绝对值	2.73	8.69
最大值	13.3	32.4

续表

	3 月合约	12 月合约
最小值	-11.3	-28.5
持续性	0.73	0.92

如表 4.4 所示，在任何时间点上，期货价格和现货价格都可能存在较大差异，甚至向相反方向运动。这是期货价格偏离现货价格的变化反应，而不是期货预测模型的较大 MSPE 引起的。期现货价差的变化不仅大而且频率高，我们通过自回归模型对期现货价差进行模拟来估计价差变化的频率，其滞后变量由 AIC 原则决定。基于自回归模型的拟合，我们将自回归系数的估计值来衡量持续性，其中，3 月期限结构的持续性为 0.73，12 月期限结构的持续性为 0.92。表 4.4 所列的证据非常重要，我们知道理解石油期货价格预测精度低于无期货预测的关键是弄清石油期货价格相对石油现货价格过度波动的原因。

如果石油期货市场是有效的，那么石油期货价格应该反映所有已知信息，在临近期货合约交割期时，石油期货价格与现货价格应保持一致，期货价格是未来现货价格的无偏估计。正是这种期货价格发现功能的发挥反映着期货市场有效性，但是，根据我们的实证研究结果，石油期货价格并不能准确预测未来现货价格，期货价格本身的波动往往比到期日现货价格的波动更大，导致期货价格对现货价格的预测能力降低。因此，石油期货市场也就不能满足标准金融学理论的有效市场假说。

4.4　本章小结

世界石油市场的基本格局呈现出生产与消费在地域分布及地缘政治上的不平衡。但进入 21 世纪，石油市场发展出现新的动态，OPEC 国家对石油市场尤其是石油价格的控制力已大为下降，而石油消费国对石油市场的影响力大为增强。通过对国际石油价格各个阶段的历史解读，我们知道，首先，市场的供求关系是油价变化的基本决定因素，它决定了石油价格的基本价值，尤其20世纪发生的两次石油危机中供给因素不容忽视；其次，在美元计价体系下，美元对石油的绑架得到淋漓精致的体现，美元汇率与石油价格之间的关联性不容忽视；最后，在石油市场日趋金融化的情形下，市场投机力量对油价的影响不容忽视。无论是从时空布局、交易规模、交易方式、产品种类、市场参与者结构还是市场功能来看，石油期货市场已经不仅是联系石油市场和金融市场的纽带，其本身也是金融市场中的重要组成部分，国际石油市场的金融化特征越来越明显。

石油期货市场运行效率是指石油期货价格能否准确预测未来的现货价格，也就是期货价格在合约到期时是否为现货价格的无偏估计。国际石油期货市场具有良好的价格发现功能已基本得到公认，一般认为，石油期货价格能准确预测现货价格。然而，本章利用1983年4月至2007年12月的数据对石油期货价格预测模型的预测精度进行考察，结果发现石油期货价格并不能准确地预测石油现货价格，因为期货价格相对现货价格的不断变动，使基于石油期货的预测模型的MSPE较大。石油期货市场表现出对现货定价的系统偏差，其对现货价格预测提供的信息有限，基于期货价格的现货价格直接预测模型的准确性不高。这意味着随着石油期货市场波动性增加，期货价格对现货价格的预测能力也逐渐下降，因此，石油期货市场并不是有效性市场。

第5章　石油市场基本面与金融化投机对油价的影响

自 20 世纪 70 年代的两次石油危机后，石油价格的波动引起经济学家、政治家以及公众越来越多的关注，石油也成为全球消费者和企业者最为关心的商品。2003 年以来，石油市场进入新一轮上涨周期，其中 2007 ~2008 年的油价空前异动，将人们对石油关注点集中在市场投机行为是否主导了油价波动。

作为国际性战略物资，石油价格异常波动是关系到国际能源安全和经济安全的隐患。传统经济学理论认为油价的波动是由石油市场供需基本面决定的。简言之，石油价格的上涨仅仅是因为石油的需求增加，或石油供给的减少。据此，国外不少文献将近年来油价持续上涨归咎于“中国因素”（e. g. Hamilton，2009a，2009b；Kilian，2009），他们认为 20 世纪七八十年代的两次石油危机期间的油价上涨是供给方的原因，而将 21 世纪以来的油价上涨归因于需求方因素，尤其是正处于快速工业化进程中的中国。这种看似符合经济学基本原理的供求分析法只是一个局部均衡的分析，因为商品的价格不仅仅取决于商品现货市场的供给和需求，还取决于商品衍生品市场中多方与空方力量的博弈。

随着石油市场和金融市场的相互渗透与融合，石油金融属性日益凸显。国际石油期货市场也已属于虚拟经济的范畴，并已具备影响实体经济的能力。当石油期货价格上涨时，现货价格会随之上涨，并直接反映到生产成本上，最终通过价格水平体现。一些对石油期货价格与现货价格的同步性研究表明，石油现货价格至少在短期内高于石油供需基本面所决定的均衡价格（Miller and Ratti，2009；Kaufmann and Ullman，2009）。因此，当前的石油价格已不再仅仅取决于石油供给和需求，对于石油安全问题也不能仅仅考虑“供给安全”，更需要关注“价格安全”。

本章首先在效率理论假说的前提下，讨论基于市场基本面因素的石油价格形成。如果石油市场是有效的，那么石油价格应是市场基本价值的反应，价格波动则是当前和未来的供给和需求因素变化的反应。接下来，从行为金融学的角度分析石油价格的波动。从石油市场在2003~2008年的异常表现来看，很容易将其与市场投机泡沫联系起来，包括投机、过度交易以及市场反应过度等，这些市场异象在很大程度上挑战了石油市场有效性假设。如果石油价格包含市场投机泡沫成分，那么供给和需求不再是决定油价波动的唯一因素，石油期货市场中的交易者行为也必然成为重要的考察因素。

基于以上分析，本章建立一个包含市场基本面因素和金融化投机的石油市场模型，利用脉冲响应函数、方差分解及历史分解深入分析石油价格的决定，试图回答：石油市场是否满足有效市场假说的条件？石油期货市场的投机行为是否导致了近年的油价急剧上涨？

5.1 基于市场基本面的石油价格动态分析

Milonas和Henker（2001）曾指出自Fama（1970）提出有效市场假说以来，资本市场和商品市场是否符合有效性假说一直是学术界最受关注的研究和争论主题之一。在第2章我们讨论过有效市场假说，认为市场价格完全反映了所有可获得信息。就石油期货市场而言，这一假说实质上认为石油期货价格应完全包含所有影响未来石油现货价格的信息。因此，在有效市场中石油价格是由当前和未来的供求因素以及其变化决定的，这也就是所谓的基于基本面分析方法（Ye et al.，2002）。传统的石油价格建模是基于基本面因素，称为存货模型方法。石油存货水平在一定程度上反映了市场供给和需求力量间相互作用的市场压力对油价的影响（Merino and Ortiz，2005），研究也表明，石油价格对库存水平的敏感性明显要高于对生产的变动（Ye et al.，2002），因此石油存货水平体现了石油价格短期的变化。

5.1.1 石油存货模型

存货水平作为贸易和商品流通过程中关键的一环，始终是人们关注的焦点。库存数量的变化直接关系到世界石油市场供求差额的变化，库存量既是供应系统，也是抵消石油供需不平衡的缓冲器。主动增加库存，库存就变成需求，导致市场需求增加，市场供应未发生变化，因此价格将随之上涨；反之，主动减少库存，库存变成供应，导致市场供应增加，市场需求未发生变化，因此价格将随之下降。但是，库存又在某种程度上反映供需矛盾的激烈程度。一般而言，供需关系紧张时往往伴随着低库存和高油价，供需平衡时常常伴随高库存和低油价。如图 5.1 所示，近几年经合组织（OECD）石油库存与布伦特原油月度价格基本呈负相关关系，高库存伴随低油价，低库存伴随高油价。

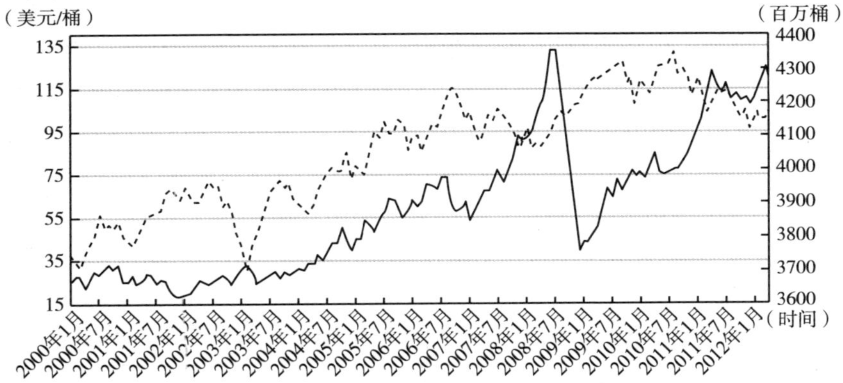

图 5.1　OECD 石油库存水平与布伦特原油价格的关系

(2000 年 1 月至 2012 年 1 月)

资料来源：美国能源信息署（EIA）。

Pindyck（1994）提出一个旨在包含供给冲击、需求冲击及其对商品价格影响的存货模型。模型最初是应用于铜、取暖油和木材，但 Pindyck（2001）将模型应用于原油、取暖油和汽油。商品市场中的需求波动产生了存货需求，保持存货使生产者在应对突如其来的市场需求变化时，可以降低生产调整成本，减少市场成本并避免缺货（Pindyck，1994）。因此，当石油需求上升时，生产者可以通过出售部分存货来降低生产调整成本；当石油需求下降时，则补充库存。另外，石油是现代工业生产中重要的生产投入要素，工业消费者也同样持有石油存货（Pindyck，2001）。当存货水平灵活时，石油生产不一定必须与消费相等，存货可以作为需求与供给间的一个有益缓冲。

根据存货模型，市场出清价格是由生产、消费和存货水平变化共同决定的（Pindyck，1994）。现货价格可以通过相对存货变量估计（Ye et al.，2002），而相对存货（RIN_t）为实际存货水平减去最优存货水平，其中实际存货水平（IN_t）是由美国能源信息署、OECD 或者商业石油公司报告获取，最优存货水平（IN_t^*）则通过对观察到的存货数据去趋势和去季节性计算得到（Ye et al.，2002）。它们之间的关系可以表示为：

$$RIN_t = IN_t - IN_t^* \tag{5.1}$$

存货模型中最关键的假设是价格变化由异常的供需平衡导致。因此，实际存货水平与目标存货水平之间量的差异将导致石油价格的上升或下降（Kristiansen，2008）。石油价格与相对存货水平间的关系可以表示为：

$$P_t = \alpha + \sum b_i RIN_{t-1} + \varepsilon_t \tag{5.2}$$

其中，ε_t 是误差项，包括所有除基本面以外的其他影响油价因素（Pindyck，1994），Merino 和 Ortiz（2005）将 ε_t 称为价格溢价。

石油价格是由两个相互关联的市场——现货交易市场和存货市场间的均衡所决定的（Pindyck，2001）。在现货市场上，由于存货的灵活性，现货价格根据净需求（生产与消费间的差异）而非生产与消费相等来决定。因此，现货市场的市场出清价格由现货价格与存货水平变化决定。在存货市场上，均衡价格表示边际便利收益和存货需求间的关系，其中，边际便利收益（ψ）即持有存货可能的收益，或者存货的价格（Pindyck and Rotemberg，1990）。便利收益①

① Brennan（1991）把便利收益界定为实物商品自然产生的增值收益流，这种增值收益流是实物商品持有者获得的，而非以实物商品为标的资产的衍生合约持有者。并发现商品存货、现货价格和便利收益之间存在以下关系：当存货水平较低时，现货价格相对较高，便利收益也相对较高；当存货水平较高时，现货价格相对较低，便利收益也相对较低。

包括实物持仓成本和资本投资石油的机会成本。对于交易活跃的商品期货合约而言，便利收益可以用期货价格的函数表示（Pindyck，1994）。

生产商、消费者和第三方交易者持有的总库存量构成了存货的供给，而存货的需求则是关于便利收益、当前和预期消费量以及价格波动的函数。现货市场和存货市场均对石油价格波动具有较高敏感性，而市场供给和需求的变动与刚性是导致油价波动的主要原因之一，同样，油价自身的波动也会导致供给与需求的变动（Pindyck，1994）。

图 5.2 显示了现货市场和存货市场出清时的价格水平。在现货市场，石油需求增加导致净需求函数从 F_1 移动到 F_2，这种价格的变化最终取决于存货的变化：当生产调整以应对需求变化时，若净需求保持不变，价格将上升至 P_3；若生产保持不变，由于存货的平滑市场作用，价格只上升至 P_2。另外，在存货市场中，存货需求对现货价格的波动较敏感，因此，价格波动增加了市场的不确定性以及对更高库存水平的要求，使存货需求曲线上移。便利收益的变化依赖于存货水平的变动：若存货水平保持不变，则便利收益将上升至 ψ_2；若由于存货需求增加而使存货水平增加，则便利收益将增加并介于 ψ_1 与 ψ_2 之间。

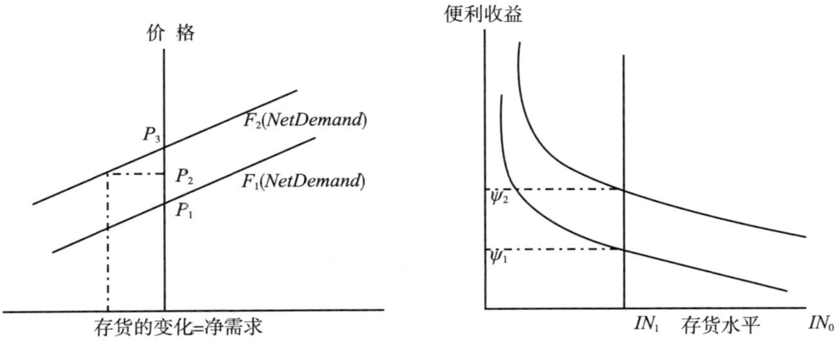

图 5.2　现货市场均衡与存货市场均衡

5.1.2 石油存货模型的应用

Pindyck（2001）利用存货模型对1984～2001年的原油、燃料油和汽油数据进行分析，检验价格的动态行为以及基本面因素对暂时性和持久性的外生冲击的反映。当需求冲击是暂时性的时，存货可以发挥缓冲作用以维持生产不变，现货价格上升至 P_2，便利收益上升至 ψ_2。一旦冲击过后，石油需求恢复正常，净需求曲线回移，由于石油生产超过消费以弥补存货损失，因此现货价格下降但不是一开始就恢复到原有水平。当存货重新积累时，便利收益下降至 ψ_1，现货价格回到原来水平 P_1（Pindyck，2001）。

在需求冲击持续的情况下，净需求曲线从 F_1 上移至 F_2，相应的存货需求增加，存货需求曲线也将上移。结果便利收益则上升至 ψ_2，现货价格上升至 P_2。随着存货水平的上升，便利收益逐渐下降，但不会回到起初水平，对于现货价格的预期同样如此。因此，预计需求冲击将持续较长时间，在市场新的均衡点上，现货价格、便利收益和存货水平均高于冲击发生之前（Pindyck，2001）。

Pindyck（2001）讨论了现货价格（P_t）、期货价格（$F_{t,T}$）和存货水平（IN_t）之间的重要关系。利用期货价格计算便利收益，便利收益等于期货价格减去经风险调整后现货价格与存货价格之和（Pindyck，1994）。而且，根据净便利收益①的大小，期货价格将高于或者低于现货价格。当边际便利收益较大时，现货价格超过期货价格，期货市场将呈现强式现货升水（Strong Backwardation）的市场结构；当边际便利收益为正且不大时，现货价格低于期货价格但高于期货价格折现，市场呈现弱式现货升水（Weak Backwardation）；当边际便利收益为零时，现货价格等于期货价格的折现，市场将不存在现货升水，这种市场情况与弱式现货升水一样都为期货升水（Contango）的市场结构。Pindyck

① 边际净便利收益＝便利收益－物理储存价格。

(2001) 认为，在正常情况下，远期交割的货物受利息和仓储费用等持有成本影响，市场一般处于期货升水结构。不过在这种市场结构中，因受到交易者在现货与期货间的选择和套利交易的限制而升水幅度有限。

存货模型对短期油价波动的解释是基于现货和期货两个市场上的供给和需求是理性变化的，而部分商品价格的波动不仅仅是基本面的体现，期货市场中的投机、噪声交易和“羊群”行为都对价格产生作用，这些因素包含在误差项中 ε_t 中（Pindyck，2001）。

5.2　基于行为视角的石油价格动态分析

根据有效市场假说，石油价格应该由供需基本面因素决定。这些因素应该反映了所有关于当前和未来石油需求和供给的可获得信息。此外，基本面的变动应先于价格的变动，并且会对价格产生影响。但是，2003 年以来的石油市场所呈现的状态对有效市场假设理论提出严峻挑战。油价“过山车式”的走势催生了有关石油市场是非有效市场以及存在投机性泡沫的讨论，预期未来的石油需求增长被放大，或者其他可能导致石油的价值增加的事件会引起市场泡沫，刺激商品价格飙升（Investopedia，2008）。

若将近年来的石油价格波动部分归因为投机性泡沫，那么需要证明在石油价格形成过程中，投机活动是否起到关键作用？正如第 2 章所提到的，由于石油市场的特殊性，有效市场假说不符合石油市场的实际，这些投机活动现象不能完全通过理性模型解释。据此，本节接下来将基于行为金融学的视角，对石油市场中的投机、市场过度交易以及油价波动性质进行详细分析。

5.2.1　石油市场中的投机

在对石油市场投机进行深入分析之前，首先要恰当定义投机，并明确区分投机和套期保值。美国商品期货交易委员（CFTC Interim Report，2008）根据期货交易的目的将石油期货市场参与者分为两大类：商业交易者（Commercial Trader）与非商业交易者（Non – Commercial Trader），即套期保值者与金融机构。套期保值者就是拥有石油相关业务的商业机构，包括石油生产商、炼油商、最终用户（航空公司、电厂、船运公司）等。套期保值者参与市场的动机主要是利用衍生品交易来锁定成本或收益的，对冲未来价格上涨或下降可能受到的损失。金融机构的交易动机则与套期保值者完全不同，它们并不生产或使用石油，而以其自有资本交易石油期货，通过石油价格的变化来牟利。综合各方面文献资料，本书认为投机具有两个特性：第一，投机在交易时只是单向的买入或卖出，要么是多头，要么是空头；第二，投机是利用单一期货合约价格波动获取利润，也就是投机者只注意绝对价格波动。

Merino 和 Ortiz（2005）以及 Kristiansen（2008）在 Pindyck（2001）和 Ye 等（2002）研究基础上，选取 OECD 近年存货水平数据，利用存货模型证明石油市场中存在投机行为。为了解释 2003 年以来的石油价格走势，Merino 和 Ortiz（2005）利用存货模型对 1992 ~ 2004 年的数据进行实证分析，结果显示直到 2003 年，石油价格与 OECD 的库存水平高度相关，而自那以后相关性相对较弱。并且现货价格和模型预测价格之间的差异，即价格溢价（ε_t）持续高位。通过对溢价规模的估计，发现投机活动在整个样本区间内对溢价具有较大影响。

对存货模型进行改进以用来解释投机活动，可以极大地提高其对价格预测的准确性。Kristiansen（2008）试图寻找到能定量解释近年油价波动的长期驱动因素。他选取 1987 ~ 2008 年的数据，利用存货模型对市场投机能否解释价格溢价（ε_t）进行实证检验。结果发现存货水平和布伦特原油价格之间具有较强的共同趋势，但有些时期它们并不完全同步。因此，基于存货水平和价格走势间的相关性将样本序列分为三个子样本区间：1988 ~ 1992 年、1992 ~ 2002 年、2002 ~ 2008 年。统计分析表明，在第一个和第二个子样本区间，存货模型与实际价格波动之间的切合度用可决系数 R 描述，第一个样本子区间切合度并不很强，而第二样本子区间切合度则较强。这与之前 Pindyck（1994，2001）、Ye 等（2002）以及 Merino 和 Ortiz（2005）的研究一致。第三个样本子区间无法利用存货模型解释油价的波动。基于以上结果，Kristiansen（2008）将第一个子区间（1988～1992 年）称为未成熟市场，无论是基本面还是投机的市场影响力都很小，相反，价格主要是由流动性和成熟的美国股票市场驱动。第二个子区间（1992～2002 年）称为基本市场，油价是由供需基本面以及商业周期决定，没有证据表明此时存在市场投机行为。第三个子区间（2002～2008 年）则主要是由投机活动主导，石油期货市场的投机活动影响石油价格，导致油价上涨，反之则不成立。

5.2.2 过度交易与市场过度反应

有效市场假说的一个重要条件是在有效市场中不存在“赌博”，这不仅是因为资产价格已经反映了所有已知信息，还因为投资者的数目保证了价格是公平的。然而，现实情况并不如此。CFTC Interim Report（2008）报告指出，作为 NYMEX 原油期货市场中投机活动指标的非商业多头持仓量自 2003 年以来显著增加，其净多头持仓占总持仓比例在过去几年一直攀升。

2008 年 7 月 18 日美国商品交易委员会发布公告，对 2007 年 7 月 3 日以来的一些商业性对冲持仓和非商业性投机持仓进行重新分类①，主要是将部分掉期交易者的身份从原来的商业交易者重新划定为非商业交易者。美国商品交易委员会修正前后的数据差距非常大，以截至 2007 年 12 月 31 日的持仓数据为例，如表 5.1 和表 5.2 所示，原先的

① 在 2008 年 7 月以前，CFTC 将掉期交易归为“商业持仓”，但这类交易很多都是场外交易，并且掉期合约往往包含多种金融产品，合约最为复杂、透明度低并且不易控制风险。

表 5.1　**NYMEX 原油期货合约持仓报告（修订前）截至 2007 年 12 月 31 日**

总持仓（手）	1361258							
报告的交易者总数（个）	303							
交易类型	报告持仓						非报告持仓	
	非商业交易者			商业交易者		合计		
	多头	空头	套期	多头	空头	多头	空头	多头	空头
持仓数量（手）	238361	151351	196428	849649	934736	1284438	1282479	76820	78779
持仓比例（%）	17.5	11.1	14.4	62.4	68.7	94.4	94.2	5.6	5.8
交易者数量	95	101	121	75	91	248	246	—	—

资料来源：美国商品交易委员会（CFTC）网站。

表 5.2　**NYMEX 原油期货合约持仓报告（修订后）截至 2007 年 12 月 31 日**

总持仓（手）	1361258							
报告的交易者总数（个）	303							
交易类型	报告持仓						非报告持仓	
	报告持仓			非报告持仓		合计		
	多头	空头	套期	多头	空头	多头	空头	多头	空头
持仓数量（手）	238970	151315	356127	689341	775037	1284438	1282479	76820	78779
持仓比例（%）	17.6	11.1	26.2	50.6	56.9	94.4	94.2	5.6	5.8
交易者数量	96	101	122	74	90	248	246	—	—

资料来源：美国商品交易委员会（CFTC）网站。

两个商业交易者重新定义为非商业交易者，非商业套期持仓比例由原来的 14.4% 上升至 26.2%，而商业多头和空头持仓比例均下降。

自 2003 年以来，NYMEX 原油期货合约交易量呈持续增长态势。在 2003 年 1 月至 2008 年 6 月期间，总持仓增量已经超过 3 倍。其中，增长最快的持仓量来源于非商业交易者持有的价差头寸，如图 5.3 所示。因此，当非商业交易者的多头持仓增加时，其持有的空头头寸也相应增加。此外，自 2003 年以来，非商业净多头持仓趋于增加，净多头持仓占总持仓比例在过去几年一直攀升，从而在一定程度上证明了净多头推升油价的观点。

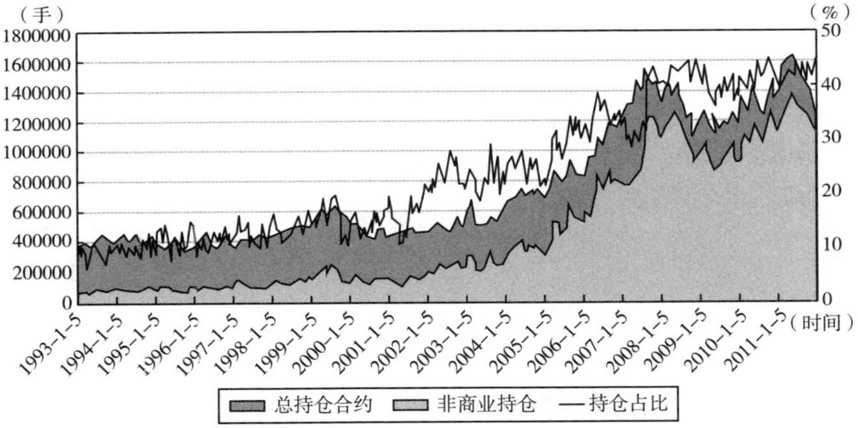

图 5.3　NYMEX 原油期货合约报告的非商业持仓与总持仓占比

资料来源：美国商品交易委员会（CFTC）网站。

2003～2008 年的投机交易活动大幅增加，可以视为过度交易，对油价具有不可忽视的影响。如图 5.4 所示，描述了 WTI 原油周价格与 NYMEX 中的非商业交易活动规模。为了降低孤立突出的观察值对油价波动解释的影响，这些数据均经过 6 个月移动平均处理。

图 5.4 发现，非商业交易者在 NYMEX 原油期货市场的净持仓量与 WTI 原油价格走势之间具有很强的相关关系，在非商业净持仓增加时，WTI 油价一般呈现上升态势；当非商业净持仓减少时，WTI 油价一般

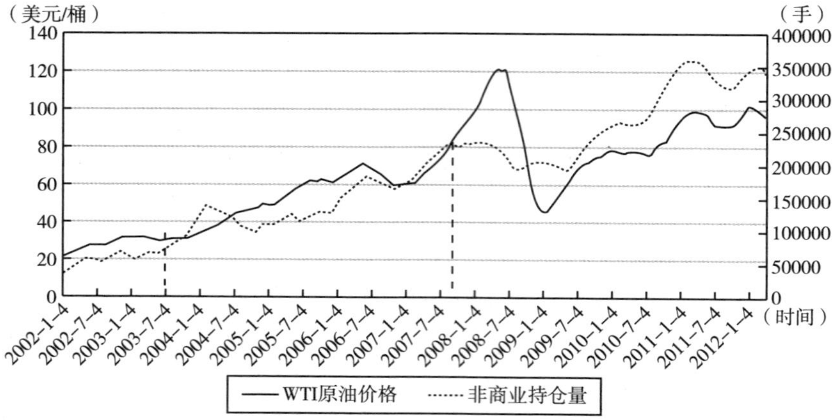

图 5.4 非商业交易者持仓与 WTI 原油价格走势关系

资料来源：美国能源信息署（EIA），美国商品交易委员会（CFTC）网站。

呈现下降态势，而且很重要的一点是，非商业交易者的市场活动往往先于石油价格的变化。这种特殊的市场“规律”使对冲基金等非商业交易者的投资行为具有显著的“示范效应”，经常会影响行为人对未来价格走势的预期，因而这种非商业交易持仓对油价的影响远远超过其本身的市场参与程度，这在一定程度上导致市场对油价的过度反应。

5.2.3 短期波动与长期均值回归

有效市场假说认为价格应遵循随机游走，无法预测未来的价格，最好的结果是明天的价格即今天的价格。然而，现实中的石油价格却呈现出负序列自相关，也即均值回归，价格上涨后，过段时间又会下降。在石油市场中，当油价上涨至长期价格水平以上时，供给将随着新生产者的进入而增加，市场竞争加剧导致价格存在下降的压力。另外，当石油价格下降至低于长期平均价格水平后，石油供给将随着生产者的离市而减少，这反过来对价格形成上涨压力。这种机制会持续一段时间，使市场产生价格短期波动效应。

前面讨论了石油市场中过度交易的问题，过度交易影响价格波动，造成市场过度反应（De Bondt and Thaler，1990）。石油价格是连续变化的，所以石油价格的相对变化也即价格收益率可采用连续复利收益率来计算，取相邻时间段的石油价格之比的自然对数，即：

$$R_t = Ln(P_t/P_{t-1}) \tag{5.3}$$

因此，针对石油价格的对数收益求平均，可以得到历史波动率的估计值：

$$\sigma = \sqrt{\frac{1}{N}\sum_{i=1}^{N} R_{t-i}^2} \tag{5.4}$$

如图 5.5 所示，我们选取 WTI 原油日价格，以 60 个交易日为固定窗口用移动平均得到 2002 年 12 月至 2012 年 7 月的价格波动率。从图 5.5 中可以看到，WTI 原油价格走势与其波动率有密切关系。在样本区间内，石油价格波动率出过两次异动，第一次异常波动发生在 2003 年年初，正值市场预期美国入侵伊拉克的可能性不断上升之时；第二次异常波动开始于 2008 年年中，在这一年，石油价格在 7 月达到历史高位后，开始急剧下跌。这两次异动可以视为石油市场的过度反应，第一次异动时，由于市场预期供给不足，对油价上涨持乐观态度，导致大量的投资者急于持有多头头寸；而第二次异动时，油价已

图 5.5　WTI 原油价格与波动率

资料来源：美国能源信息署（EIA）。

进入快速上升通道，市场上弥漫着悲观情绪和恐惧，投资者试图卖出他们的持仓。如果石油市场符合有效市场假说，市场的投资者都是理性的，那么，石油价格不会发生这种异动。

图 5.6 给出 WTI 原油价格收益率分布情况，可以看出，石油价格收益在长期呈现均值回归趋势，在短期则呈现波动情形。这意味着石油市场具有一定程度的可预测性，而与有效市场假说所认为的价格是随机游走假设完全相反，进一步证明了石油市场不符合标准金融学理论的假设。因此，仅用标准金融学的方法研究石油市场和石油价格是不科学的。

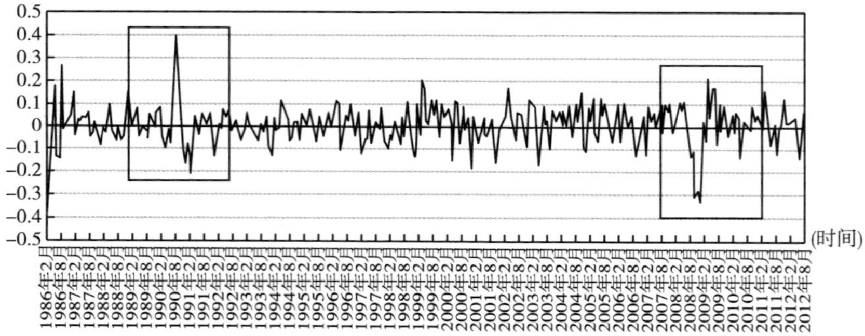

图 5.6　WTI 原油价格的收益率分布

资料来源：美国能源信息署（EIA）。

5.3　石油价格的分解：实证分析

为了更好地研究石油价格波动性，我们有必要对影响石油价格的因素进行严格的分类，弄清市场基本面因素和金融化投机的特征。同时，在基本面因素和金融化投机的基本特征分析基础上，对它们影响石油价格波动的机理深入研究。本节对油价的实证分析与以往研究文献存在以下几点创新：第一，为研究的全面性和可靠性，我们建立有别于传统的仅存在供需因素的石油市场存货模型，将投机活动作为相对于供需基本面的非基本面的冲击引入石油市场模型中；第二，采用符号约束识别 VAR 模型，将石油市场的供需基本面冲击（石油供给冲击、经济活动导致的石油需求冲击、石油特定需求冲击）与非基本面的投机冲击进行区分，考察它们对国际油价波动的影响；第三，利用石油期货市场价差的变动衡量投机冲击，这比之前许多文献中将石油存货多少作为衡量投机冲击大小更具合理性。

5.3.1　存货模型的改进

有关商品期货价格的决定的相关文献可以追溯至凯恩斯提出的商品反向期限结构理论，该理论比较了在 T 时刻交割的期货价格（$F_{t,T}$）与当前现货价格（S_t）之间的不同。商品反向期限结构理论认为若要考虑存货，期货价格和预期现货价格必须随时间上涨以弥补存货持有者的存储成本，但是这很难解释期货曲线的斜率为什么向下倾斜。

Kaldor（1939）引入存货理论，该存货理论建立起现货和期货价格间的同期联系，并通过引入便利收益完善了商品反向期限结构理论。便利收益是商品实物所有者的一种隐形收益，商品未来的交付合同的所有者不具有这种收益（Brennan，1991）。这些额外的收益包括生产平滑（Working，1960）和持有存货的价值（Dixit and Pindyck，1994）。就石油市场而言，便利收益更具特殊性，不仅因为拥有石油的战略利益，而且石油是不可再生的稀缺资源。在考虑存货成本和无套利机会条件下，期货和现货间关系可以表示为：

$$F_{t,T} = S_t + (T - t) r_t - \psi_{t,T} \tag{5.5}$$

根据 Pindyck（1994）将净便利收益率（$\psi_{t,T}$）表示为关于石油存货水平（I_t）、石油现货价格（S_t）、石油预期需求（Q_{t+1}）函数形式：

$$\psi_{t,T} = \psi[S_t, I_t, Q_{t+1}] \tag{5.6}$$

其中，函数 ψ 满足如下性质：

$\psi_s > 0$，函数 ψ 以 S_t 速度增长，因为更高的油价意味着持有现货会获得更多的便利收益。

$\psi_I<0$，$\psi_{II}>0$，函数 ψ 以 I_t 的速度下降，因为存货下降会使额外一单位的边际便利收益增加。

$\psi_Q>0$，函数 ψ 以 Q_{t+1}大小增加，因为在预期期货市场严密的情况下，更高的预期需求将使持有存货将获得更多的便利收益。

根据式（5.5）和式（5.6）有：

$$F_{t,T}=S_t+(T-t)r_t-\psi[S_t,I_t,Q_{t+1}] \tag{5.7}$$

就石油期货市场而言，在市场有效且无套利的情况下，期货价格与现货价格存在正向关系，与预期石油基本面负相关，与无风险利率正相关。

但当市场出现投机活动时，由投机驱动的期货合约需求会使期货价格偏离基本面所决定的价格。因此，我们观测到的石油期货价格为：

$$F^o_{t,T}=F_{t,T}+\varepsilon^F_t \tag{5.8}$$

其中，$F_{t,T}$为无套利条件下期货价格；假设 ε^F_t 弱平稳，表示观测到的期货价格与无套利条件下期货价格的偏差，也即期货市场中的投机冲击。

根据式（5.7）和式（5.8）有：

$$F^o_{t,T}=S_t+(T-t)r_t-\psi(S_t,I_t,Q_{t+1})+\varepsilon^F_t \tag{5.9}$$

因此，我们可以得到石油期货与现货价格间的价差：

$$Spread=F^o_{t,T}-S_t=\underbrace{-\psi(S_t,I_t,Q_{t+1})+(T-t)r_t}_{A}+\underbrace{\varepsilon^F_t}_{B} \tag{5.10}$$

这个方程表明，石油期货现货价差由两部分组成——（A）基本面因素和（B）非基本面因素（石油期货市场投机部分）。根据式(5.10)，石油市场基本面的变动对价差有负的影响，而投机冲击对价差有正的影响。

5.3.2 模型框架与数据

构造以下形式的内生变量向量 Y_t：

$$Y_t=c+\sum_{i=1}^{n}A_iY_{t-i}+B\varepsilon_t \tag{5.11}$$

其中，c 为常数向量或线性趋势，A_i 为 n×n 阶自回归系数矩阵，ε_t 为结构性扰动向量。内生变量 Y_t 中包括：全球石油产量（Q_{oil}）；以美元计价的石油现货价格（P_t^{oil}），选取 EIA 公布的 WTI 名义现货价格；全球实际经济活动（Y_{world}），选用 OECD 公布的 OECD 国家加上 6 个主要非 OECD 国家的工业生产指数[①]；石油期货价格（F_t^{oil}），选用纽约商品交易所公布的 3 个月 WTI 原油期货合约价格；全球石油存货（I_t），由于全球石油库存数据的不可获得，我们这里采用 OECD 国家的石油库存量代表全球石油库存。为了避免产生冗余变量，模型中不包含期货—现货价差（$Spread_t$）。

本节选取 1991 年 1 月至 2010 年 10 月的月度数据样本，我们设定滞后阶数为 12[②]。所有的变量取自然对数并一阶差分后均转换为月度增长率，且对所有变量进行季节调整。根据 ADF 检验，所有变量均在 10% 的置信水平下拒绝单位根假设。

在这个模型框架下，我们需要识别四类冲击，分别为石油供给冲击、石油总需求冲击、石油特定需求冲击、石油投机冲击：$\varepsilon'_t = [\varepsilon_t^{su} \varepsilon_t^{ad} \varepsilon_t^{sd} \varepsilon_t^{sp}]$。石油供给冲击即由于全球石油产量波动而造成石油价格的波动；石油总需求冲击即由全球强劲经济增长所引发的强劲石油需求引起的油价波动；石油特定需求冲击也可称作石油预防性需求冲击，主要由于担心未来石油市场供求出现严重不平衡而增加对石油的需求所引起的油价波动；石油投机冲击指利用石油期货市场出现的价差从中获得利润的投机交易行为所导致的石油价格波动。

5.3.3　基于符号约束识别 VAR 模型

自 Sims（1992）以来，大量文献开始利用标准 VAR 或 SVAR 模

① 6 个主要非 OECD 国家包括巴西、中国、印度、印度尼西亚、俄罗斯联邦及南非。

② 尽管滞后标准建议选择 2 阶或 3 阶滞后，但我们决定选取一年为滞后阶数（Hamilton and Hererra，2004）。该样本开始于可获得的期货价格数据。

型对石油价格波动原因及其影响进行实证研究和分析，本节采用符号约束（sign restrictions）识别 VAR 模型。与标准 VAR 和 SVAR 方法不同，符号约束方法不是直接对简化式残差和结构式残差系数施加约束，而是基于经济理论对脉冲响应的符号和形状施加约束。符号约束方法优势在于，不需要对同期响应矩阵或冲击长期影响施加零约束。同时，符号约束识别方法适用于任何频率的数据，识别冲击时只依赖宏观经济时间序列数据本身，不需要其他许多的附加信息。

符号约束识别 VAR 方法的基本思想是识别某个变量的冲击时不需要详细知道变量之间的相互关系，只需要知道相互作用的方向。这种方法的优势在于不需要对同期响应矩阵施加零约束①。

模型（5.11）中的冲击为正交矩阵：$E(\varepsilon_t\varepsilon_t')=I$，方差—协方差矩阵为：$\Omega=BB'$。对于 Ω，存在任一正交矩阵 $Q(QQ'=I)$，使 $\Omega=BQQ'B'$，其中 B 为 Ω 的 Cholesky 因子或特征值—特征向量分解，$\Omega=PDP'=BB'$，P 为特征向量矩阵，D 为主对角线为特征值的对角矩阵，且 $B=PD^{\frac{1}{2}}$。

具体如下，$P=\prod_{m,n}Q_{m,n}$，其中 $Q_{m,n}(\theta)$ 循环矩阵的形式为：

$$Q_{m,n}(\theta)=\begin{bmatrix} 1 & \cdots & 0 & \cdots & 0 & \cdots & 0 \\ \cdots & \ddots & \cdots & \cdots & \cdots & \cdots & \cdots \\ 0 & \cdots & \cos(\theta) & \cdots & -\sin(\theta) & \cdots & 0 \\ \vdots & \vdots & \vdots & 1 & \vdots & \vdots & \vdots \\ 0 & \cdots & \sin(\theta) & \cdots & \cos(\theta) & \cdots & 0 \\ \cdots & \cdots & \cdots & \cdots & \cdots & \ddots & \cdots \\ 0 & \cdots & 0 & \cdots & 0 & \cdots & 1 \end{bmatrix} \tag{5.12}$$

我们利用贝叶斯方法估计推断模型，VAR 模型中的先验和后验分布属于正态 Wishart 分布。模型中含有 5 个变量，VAR 中存在 10

① 关于符号约束的详细分析，可参考 Fry 和 Pagan（2010）的文献。

个不同元素二元循环：$\theta=\theta_1$，…，θ_{10}，行 m 和 n 依据方程（5.12）中的角度 θ_i 循环。

这里有：

$$
P=\begin{bmatrix}\cos\theta_1 & -\sin\theta_1 & 0 & 0 & 0\\ \sin\theta_1 & \cos\theta_1 & 0 & 0 & 0\\ 0 & 0 & 1 & 0 & 0\\ 0 & 0 & 0 & 1 & 0\\ 0 & 0 & 0 & 0 & 1\end{bmatrix}
\begin{bmatrix}\cos\theta_2 & 0 & -\sin\theta_2 & 0 & 0\\ 0 & 1 & 0 & 0 & 0\\ \sin\theta_2 & 0 & \cos\theta_2 & 0 & 0\\ 0 & 0 & 0 & 1 & 0\\ 0 & 0 & 0 & 0 & 1\end{bmatrix}
$$

$$
\begin{bmatrix}\cos\theta_3 & 0 & 0 & -\sin\theta_3 & 0\\ 0 & 1 & 0 & 0 & 0\\ 0 & 0 & 1 & 0 & 0\\ \sin\theta_3 & 0 & 0 & \cos\theta_3 & 0\\ 0 & 0 & 0 & 0 & 1\end{bmatrix}
\begin{bmatrix}\cos\theta_4 & 0 & 0 & 0 & -\sin\theta_4\\ 0 & 1 & 0 & 0 & 0\\ 0 & 0 & 1 & 0 & 0\\ 0 & 0 & 0 & 1 & 0\\ \sin\theta_4 & 0 & 0 & 0 & \cos\theta_4\end{bmatrix}
$$

$$
\begin{bmatrix}1 & 0 & 0 & 0 & 0\\ 0 & \cos\theta_5 & -\sin\theta_5 & 0 & 0\\ 0 & \sin\theta_5 & \cos\theta_5 & 0 & 0\\ 0 & 0 & 0 & 1 & 0\\ 0 & 0 & 0 & 0 & 1\end{bmatrix}
\begin{bmatrix}1 & 0 & 0 & 0 & 0\\ 0 & \cos\theta_6 & 0 & -\sin\theta_6 & 0\\ 0 & 0 & 1 & 0 & 0\\ 0 & \sin\theta_6 & 0 & \cos\theta_6 & 0\\ 0 & 0 & 0 & 0 & 1\end{bmatrix}
$$

$$
\begin{bmatrix}1 & 0 & 0 & 0 & 0\\ 0 & \cos\theta_7 & 0 & 0 & -\sin\theta_7\\ 0 & 0 & 1 & 0 & 0\\ 0 & 0 & 0 & 1 & 0\\ 0 & \sin\theta_7 & 0 & 0 & \cos\theta_7\end{bmatrix}
\begin{bmatrix}1 & 0 & 0 & 0 & 0\\ 0 & 1 & 0 & 0 & 0\\ 0 & 0 & \cos\theta_8 & -\sin\theta_8 & 0\\ 0 & 0 & \sin\theta_8 & \cos\theta_8 & 0\\ 0 & 0 & 0 & 0 & 1\end{bmatrix}
$$

$$
\begin{bmatrix}1 & 0 & 0 & 0 & 0\\ 0 & 1 & 0 & 0 & 0\\ 0 & 0 & \cos\theta_9 & 0 & -\sin\theta_9\\ 0 & 0 & 0 & 1 & 0\\ 0 & 0 & \sin\theta_9 & 0 & \cos\theta_9\end{bmatrix}
\begin{bmatrix}1 & 0 & 0 & 0 & 0\\ 0 & 1 & 0 & 0 & 0\\ 0 & 0 & 1 & 0 & 0\\ 0 & 0 & 0 & \cos\theta_{10} & -\sin\theta_{10}\\ 0 & 0 & 0 & \sin\theta_{10} & \cos\theta_{10}\end{bmatrix}
$$

根据这10个在［0，π］范围内的参数θ_i变化进行循环。为使无限循环转换为足够大的有限循环，我们需要将［0，π］区间划分成M个点区间①。同期响应矩阵由区间的每个点决定，$B_j=(j=1,\cdots,M^{10})$，因此，我们可以得到以下相应的脉冲响应函数：

$$R_{j,t+k}=A(L)^{-1}B_j\varepsilon_t \tag{5.13}$$

在t时刻，对滞后期为k的变量p受到第q类冲击的脉冲响应施加符号约束的形式为：

$$R_{j,t+k}^{pq}\leqslant 0 \quad 或\ R_{j,t+k}^{pq}\geqslant 0 \tag{5.14}$$

其中，p=1，2，3，4，5，q=1，2，3，4。

为了便于分析，这里我们将脉冲响应的符号约束形式以表格形式给出，如表5.3所示。

表5.3　　符号约束在VAR模型中的识别

	石油期货市场中投机冲击	石油供给冲击	经济活动驱动的石油需求冲击	石油特定需求冲击
石油产量		-	+	+
现货价格		+	+	+
期货价格	+	+	+	+
经济活动		-	+	-
石油存货				
期货—现货价差	+	-	-	-

首先，区分传统供需基本面冲击与非基本面（石油期货市场投机）冲击。因为基本面冲击与非基本面冲击是相对的，而投机冲击在很大程度上是追求价差的结果，根据式（5.10）将供需基本冲击和投机冲击对期货—现货价差的影响中赋相反符号：石油供需基本面冲击会导致油价上涨，对期货—现货价差产生负向作用；石油期货市场中投机冲击会导致期货价格上涨，对期货—现货价差产生正向作

① 本书M=4，则存在$M=4^{10}=1048576$次可能的循环。

用。因此，我们定义石油期货市场中的投机冲击是一种导致石油期货价格上涨以及期货—现货价差上升的冲击。石油期货市场中投机活动对现货市场中变量的影响无法判断，因此我们对受投机冲击后的现货价格不赋予任何符号约束。

其次，我们根据石油市场的供求理论得到关于石油供需基本面冲击的相关符号约束。石油市场供给面冲击引起石油供给曲线变动，使油价和产量反向变动；石油市场需求面冲击引起石油需求曲线变动，使油价和产量同向变动。具体而言，作为外生冲击的石油供给冲击使石油供给曲线向左移动，导致石油产量下降和石油价格上升，全球工业生产不会因此增加。在无套利条件下，这种冲击会使石油期货价格上升，但期货—现货价差下降，这是因为石油供给冲击导致的石油现货价格上涨，使便利收益上升到更高水平。相反，由全球经济活动激增所导致的石油需求冲击，使石油需求曲线向上移动，导致石油产量和石油价格同时增长。在满足无套利条件下，期货价格将上涨，期货—现货价差将下降。

最后，石油特定需求冲击是一种不受强劲经济增长驱动的石油需求冲击，这种冲击也会引起石油价格和石油产量上升，但对经济活动存在负向的影响。例如，石油对煤炭的替代增加使石油需求上升，直接导致石油价格上涨及石油产量增加，但由于高油价的作用，这类冲击对经济活动不利。另外，来自预期基本面冲击，若预期未来石油供需紧张，则预期未来油价会上升，石油存货需求将增加。这将使石油价格上涨及石油产量增加，但由于高油价的原因，不会刺激经济活动。由于这种石油价格上涨也是受基本面驱动，根据无套利条件，期货价格将上涨，期货—现货价差下降。

我们需要从 1048576 次循环中，根据蒙特卡洛模拟找到 1000 次成功识别四类不同冲击的脉冲响应符号约束。我们采用五变量的 VAR 模型来识别四类石油冲击，其余所有不能被解释的结构化冲击用残差冲击表示。这种残差冲击并没有直接的经济学解释，基于下一节实证结果的分析发现它对解释石油现货和期货价格的作用较小。

5.3.4 实证结果分析

5.3.4.1 脉冲响应

图 5.7 给出了一个标准差的不同类型石油冲击对石油价格、石油产量、石油存货、全球经济活动、石油期货价格和期货—现货价差的影响。

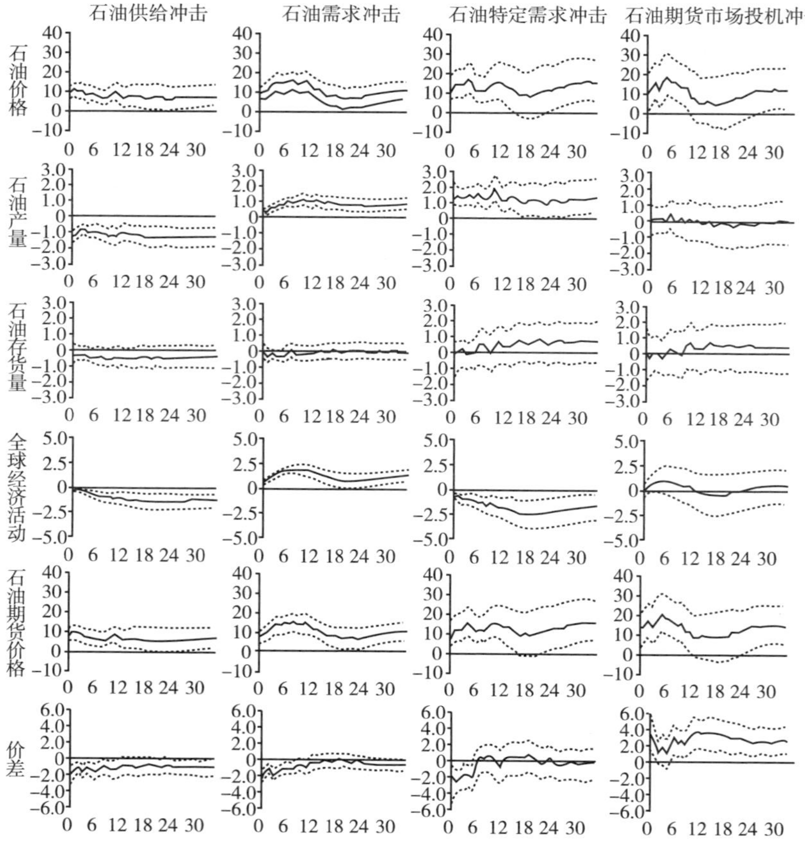

图 5.7 不同类型石油冲击的脉冲响应函数

注：我们将石油冲击进行标准化处理，表示冲击每变动 10% 对各变量的影响。

从石油市场中的基本面冲击来看。首先，从图 5.7 可以看出，外生的石油供给冲击导致石油产量下降的同时油价上涨。石油产量下降使石油存货暂时处于较低水平，经济活动也受到明显冲击。石油供给冲击对石油期货价格和现货价格的动态影响较为相似，但期货价格相对而言上涨幅度较低，所以期货—现货价差出现下降。受到石油供给冲击后，石油期货曲线的斜率在长期没有显著改变，所以价差的这种下降只是暂时性的。其次，由经济活动引起的石油需求冲击使石油价格持续上升，同时在一定程度上促使石油产量上升以及全球工业生产增长。而由于石油需求的激增，石油存货出现暂时性的下降，但库存减少并不明显。此外，石油期货价格与现货价格对石油需求冲击反应相似，价差暂时性下降。最后，石油特定需求冲击也导致石油现货价格持续上升以及石油产量的增加，价差仅在短期下降。但与经济活动引起的石油需求冲击不同，这类石油需求的增加对全球经济活动水平存在负向作用。实际上，这种石油特定需求冲击类似于石油市场中的预防性需求增加。在国际石油市场中，由于担心全球市场的供需失衡加剧，各国政府、大型跨国石油公司以及炼油厂会纷纷增加预防性石油需求以应对可能发生的石油危机，因此石油库存会呈现一定增长态势。

从我们得到的脉冲响应图形来看，除传统意义上的供需基本面冲击外，石油期货市场中的投机冲击对石油现货价格也有显著影响。但投机冲击对石油现货价格的影响在半年后开始下降，相较供需基本面冲击对石油现货价格影响而言持续时间较短。我们发现期货—现货价差在受到投机冲击后持续上升，这说明虽然石油期货市场中的投机冲击对现货石油价格有很强的影响，但投机冲击对期货价格的影响并没有及时、完全地传递到石油现货市场。在对投机影响进行估计时，模型中包括期货市场变量是必要的，因为在无套利条件下期货价格冲击完全传递到石油现货价格在实际上是不成立的。

根据实证结果并没有发现在受到投机冲击后石油产量和存货有显

著反应，全球经济活动也没有受到明显冲击。Kilian 和 Murphy（2010）在 Hamilton（2009b）对石油市场投机作用的理论分析的基础上，通过限制石油需求的价格弹性大小来约束在受到投机冲击后石油存货的反应，他们实际上将现货市场的石油库存定义为一种投机冲击。与他们对投机定义不同，我们无须对石油期货市场中的交易活动施加约束。实证结果也表明投机活动会影响现货石油价格，但确实与石油存货的变动之间没有显著关系。石油产量对投机冲击的这种不显著反应与著名的霍特林原则（Hotelling principle）的结论一致，当期货价格高于现货价格时，石油生产者有将石油产量保留在地下的倾向。我们认为这种反应仅在市场为上升结构，即现货价格低于期货价格时存在。同时，我们发现在受到投机冲击后，无论市场为上升结构还是下降结构，期货—现货价差均上升。

5.3.4.2 方差分解

上述脉冲响应函数分析表明，除我们所熟知的传统供需基本面冲击外，石油期货市场中的投机活动对石油现货价格也有较大影响。这一节我们将进一步通过预测误差方差分解来分析供需基本面冲击与非基本面（投机）冲击对石油现货价格及石油期货价格的影响程度。

由表 5.4 可知，来自供需基本面的冲击解释了我们所选样本中的石油现货价格波动的大部分。石油供需基本面的冲击可以解释石油现货价格预测误差的 65% 以上。其中由经济活动所引起的石油需求冲击对预测误差方差的解释力度最强，可以解释 30% 以上的预测误差方差。石油供给冲击在短期可以解释 30% 左右的预测误差，而长期解释力度下降。同时，投机活动冲击对石油现货价格的解释力度也较强。在不同预测范围，尽管与供需基本面冲击相比，投机活动冲击的解释力度不是最大，但它对现货价格预测误差分解的解释度平均为 11% 左右，因此不能忽视其对油价波动的作用。

表 5.4　　石油现货价格和期货价格预测误差的方差分解

预测期	对预测变量的解释程度（%）									
	石油现货价格					石油期货价格				
	石油供给冲击	石油需求冲击	石油特定需求冲击	期货市场投机冲击	其他	石油供给冲击	石油需求冲击	石油特定需求冲击	期货市场投机冲击	其他
1	31.47	42.37	14.82	8.96	2.38	28.61	33.83	11.61	22.98	2.97
2	31.67	41.05	15.00	9.70	2.59	29.32	34.93	12.06	20.75	2.95
3	29.49	41.37	14.52	12.13	2.49	27.10	36.88	11.73	21.37	2.91
4	26.79	45.26	13.66	11.17	3.12	24.72	41.64	11.26	19.25	3.13
5	22.70	48.19	13.67	12.11	3.33	20.98	45.04	11.59	19.08	3.31
6	20.70	49.55	13.26	13.33	3.16	18.84	46.31	11.33	20.33	3.19
7	19.64	51.19	12.64	13.22	3.31	17.26	48.38	10.62	20.43	3.31
8	18.39	52.76	11.95	13.34	3.56	15.85	49.83	10.44	20.25	3.62
9	17.16	54.89	11.38	12.81	3.77	14.74	52.05	10.09	19.30	3.82
10	16.69	55.52	11.33	12.53	3.94	13.93	53.18	10.12	18.89	3.88
11	16.29	55.66	11.48	12.21	4.36	13.58	53.52	10.47	18.39	4.04
12	16.19	55.89	11.72	11.32	4.88	13.55	53.93	10.95	17.24	4.33
13	16.11	55.54	11.80	10.77	5.78	13.18	53.66	11.55	16.59	5.03
14	15.98	54.51	11.89	10.72	6.90	13.18	53.03	11.90	16.11	5.79
15	15.97	53.62	11.92	10.67	7.81	13.26	52.48	12.08	15.57	6.61
16	15.81	52.69	12.05	10.84	8.61	13.30	51.84	12.23	15.42	7.21
17	15.92	51.43	11.90	11.03	9.71	13.41	50.85	12.25	15.52	7.97
18	15.93	50.34	11.81	11.08	10.84	13.45	49.79	12.04	15.71	9.01
19	15.89	49.24	11.86	11.17	11.84	13.35	48.94	12.01	15.85	9.85
20	16.05	48.02	11.89	11.31	12.73	13.53	48.14	12.09	15.61	10.62
21	16.04	47.15	11.99	11.47	13.36	13.57	47.27	12.09	15.61	11.47
22	16.14	46.24	11.88	11.64	14.10	13.72	46.68	11.98	15.60	12.01
23	16.09	45.84	11.82	11.73	14.51	13.74	46.05	11.96	15.79	12.46
24	16.06	45.07	12.08	11.80	15.00	13.68	45.25	12.30	15.86	12.91

表 5.4 右边为石油期货价格的预测误差方差分解。我们发现，虽

然石油期货价格波动仍主要是由（预期）基本面冲击解释，特别是经济活动导致的石油需求冲击。但投机活动在解释期货价格波动中占有很重要的位置，短期内对预测误差的解释力在20%以上，长期会适当下降，但仍较强，为16%左右。

就投机冲击而言，我们认为这主要是因为并非所有石油期货市场中的交易活动都完全传递到石油现货市场，与我们之前在脉冲响应分析中发现的投机冲击对石油现货价格不完全传递一致。最后，我们还发现不确定的残差冲击在短期的贡献非常小，这表明在短期内，我们模型设定的四类冲击几乎可以完全解释所选样本中石油现货和期货价格的预测误差，模型设定合理。

5.3.4.3 历史分解

上述预测误差方差分解的结果已经表明，在我们所选的整个样本区间内（1999年1月至2010年10月），供需基本面冲击对石油现货价格和期货价格的解释力较投机冲击大。但是自21世纪以来，石油的金融属性得到很大发展，国际石油价格已不仅仅由供需决定。与此同时，由美元主导的全球货币信用体系和浮动汇率所引发的流动性过剩造成虚拟经济过度膨胀，不可避免地导致国际石油市场的动荡。这些都表明石油期货市场中的投机冲击对石油现货价格的影响可能越来越重要。所以有必要单独研究2000年1月到2010年10月间各石油冲击对石油现货价格影响程度，为此本章采用历史分解（historical decomposition）的方法对此进行研究。结构VAR模型中 $t+j$ 期的变量可以分解成：

$$X_{t+j} = \sum_{s=0}^{j-1} \phi_s u_{t+j-s} + \sum_{s=j}^{\infty} \phi_s u_{t+j-s} \tag{5.15}$$

分解式第一项表示各个变量冲击引起的从 $t+1$ 至 $t+j$ 期的预测值和真实值之间的误差，第二项为假设 t 期后没有任何冲击时对 $t+j$ 期的预测值。通过历史分解方法，真实值可以被分解为预测值和预测误差，而预测误差可以被分解为每个变量冲击的贡献。历史贡献度的逐渐下降表示负向冲击导致石油价格下降，反之亦然。图 5.8 中给出四类石油冲击的历史分解和石油价格走势①。

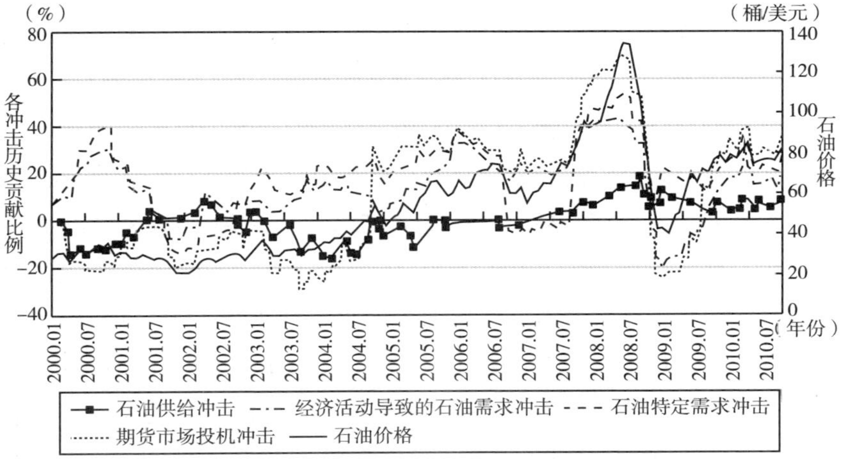

图 5.8　石油价格的历史分解

注：结构冲击的历史贡献是累积的，用百分比来表示对基本预测的偏离。这里将 2000 年 1 月的冲击贡献设为零，将历史贡献标准化。

石油价格在经历了 2000 年的 25 美元/桶上下波动后，由于受到互联网经济泡沫和“911”事件的打击全球经济疲软，此时石油供给相对石油需求过剩，以及负的投机冲击使石油价格在 2001 年处于低位运行。2003 年年初开始，随着格林斯潘的低利率政策所导致的房地产泡沫逐渐扩大，全球经济开始摆脱互联网泡沫的影响逐步复苏，国际油价也由 2002 年 1 月最低的 17.04 美元/桶一路上涨，2008 年 7 月达到历史高位 127.77 美元/桶。

从图 5.8 中我们看出，整个 2003～2008 年油价上涨期间，在石油供给相对紧张的背景下，正向石油需求冲击使油价稳步上涨，其中经济活动增加引起的石油需求冲击支撑了油价 30%～40% 的上涨，

① 历史分解结果可以通过 RATS 软件包得到，限于篇幅具体过程及程序不在这里列出，有兴趣的读者可以向作者索取。

而石油特定需求冲击在这一时期的贡献不足10%。Hamilton（2009a）和Kilian（2009）均提及，在石油供给趋紧的情况下，以中国为首的新兴经济体强劲经济增长引起石油需求的大幅增加是造成是2003年以来的油价高企的原因。但需要指出的是，他们的研究忽视了对投机冲击的深入研究，即便提到过投机冲击也仅限于对石油存货的分析，未涉及石油期货市场。就石油存货而言，其全球数据的不可获得为研究制造了一定难度，同时石油期货价格对现货价格的影响不容忽视。

根据我们的实证结果，图5.8清楚地表明2003年以来的石油价格大幅上涨不仅仅是（相对紧张的石油供给）经济活动导致的石油需求冲击所致，投机冲击对油价的影响也不容小觑。2003～2008年，石油期货市场中的投机活动推动油价高于（当期和预期）石油基本面决定价格约20%。投机冲击从2005年开始对油价上涨的贡献逐渐增加，尤其在2007～2008年油价暴涨期间，投机冲击明显加剧了石油市场波动，投机冲击对这一时期油价上涨的贡献超过30%。这与近年来美国的定量宽松政策向全球释放了大量的流动性不无关系。大量避险和逐利资金涌入石油期货市场，主力的基金机构不断做多国际石油期货市场助推了油价上涨。

2008年3月美国第五大投行贝尔斯登和9月第四大投行雷曼兄弟相继宣布破产，金融危机全面爆发，全球经济下滑，对石油需求下降，石油价格从最高峰时跌落了62%。图5.8显示了这一时期的显著特点：石油需求大幅下降，全球石油产量仍然停滞，此时需求冲击和投机冲击的贡献均显著下降。紧接着，伴随着全球各国政府的联合救市和大规模历史超低利率甚至是负利率的流动性注入，国际油价又开始了以惊人速度反弹。2009年年初，在全球经济复苏的背景下石油需求再次增加，投机者又迅速转向石油期货市场。

通过以上分析发现，在过去的10年中，除石油全球的生产供给不平衡引起石油价格急剧动荡外，石油金融化也起到推波助澜作用。石油金融化虽然在一定程度上完善石油市场，促进市场主体多元化，但巨额的投机交易会使虚拟的石油衍生品交易和实体经济所需的真实石油量严重背离，其结果自然是油价的暴涨暴跌。

5.4　本章小结

有效市场假说认为，市场价格已经包含全部可以得到的信息，依靠过去的信息或者价格变化来赚取利润是不可能的。通过本章的分析，我们知道石油市场的有效性难以成立，它不具备有效市场所要求的竞争机制。石油市场不完全竞争主要涉及投资结构和进入限制等因素，石油市场中的投资者主要为机构投资者，中小投资者的投资规模有限，从而在一定程度上造成不完全竞争。此外，石油价格具有一定程度的可预测性，与有效市场假说所认为的价格是随机游走假设完全相反。

石油存货模型的发展经历了比较长的时间，虽然根据不同模型的切入点不同又可以将存货模型分为若干类型，但它们的共同点都是以石油存货水平为基础，从投资者持有存货的变化分析价格波动的原因。

石油价格的波动不仅仅是基本面的体现，期货市场中的投机、噪声交易和“羊群”行为也都对价格产生作用，这些因素包含在误差项中 ε_t 中。本章通过对存货模型的改进，采用有别于标准 VAR 和 SVAR 的符号约束 VAR 模型对 1991 年 1 月至 2010 年 10 月的国际油价波动进行了深入研究，并专门探究了近年来油价急剧波动的原因。我们将石油供给冲击、经济活动驱动的石油需求冲击以及石油特定需求冲击均归为基本面冲击，与石油期货市场中投机冲击的非基本面相区别。这样区分石油冲击既有利于全面研究石油市场活动，又有利于分析近年来日益加剧的石油投机活动。通过一系列实证研究，得到不同类型石油冲击对石油市场各变量的影响不尽相同的结论。其中，经济活动驱动的石油需求冲击对油价上涨的贡献相对较大，当然，石油供给的偏紧也在一定程度上加剧了石油市场供需不平衡的矛盾。

更大的发现是，过去几年，石油期货市场中的投机活动在很大程度上扭曲了石油市场的价格形成机制，对石油现货价格和期货价格有较大影响，但对石油产量和存货几乎没有影响。尤其在 2007～2008 年油价暴涨期间，投机活动导致油价显著偏离基本面决定的价格水平。因此，油价的上涨是多方面因素共同作用的结果，简单地将油价上涨归结于中国的石油需求增长，过度放大“中国因素”是没有根据的。在过去 10 年中，国际石油市场发生了巨大的变化。石油衍生品交易量大幅度超过实物的产量，而金融机构已经取代了传统的石油买家和卖家，成为市场的主动性力量。石油市场这种“金融化”现象不可避免地影响石油价格的形成机制。因此，在以美元本位体制为核心的国际货币体系短期内无法改变的情况下，石油价格的暴涨暴跌仍将继续。

第6章　石油市场中不同交易者行为分析

在标准金融学经典理论中，市场中所有的投资者都是理性的，他们都拥有投资标的的基本面信息，能精确预知资产的未来现金流，从而通过一个简单的理性折现模型而准确预知投资的价格。Fama（1970）认为即使市场上存在一定数量的噪声交易者，但他们会遇到来自理性套利者的抗衡。当噪声交易使价格偏离高于其基本面价值时，理性套利者就会卖出投资标的，压低市场价格，直到价格恢复到其基本价值上，此时，理性交易者再低价买入投资标的，获取价差收益，而噪声交易者则遭受损失，最终会从市场中消失，反之亦然。根据这套理论，噪声交易者对资产价格的形成不产生影响，任何价格的偏离都会被市场力量迅速校正，价格始终反映了基本价值。

然而，资本市场的现实情况却远没有这么简单。在短期，理性投资者在卖出资产进行套利后，必须在一定时间内将资产再次买回，但在这个相对较短的时间内，市场中的噪声交易可能还没有被消除，甚至由于"羊群"效应导致非理性预期进一步使价格偏离。在这种情况下，作为风险厌恶者，理性投资者会选择放弃部分套利机会，仅进行有限套利，同时，过度自信的噪声交易者由于其错误判断而非自愿地持有了更多的风险资产。在风险厌恶的情况下，这些风险资产会给噪声交易者带来更高的预期收益，从而使噪声交易者的长期收益高于理性投资者。

本章首先将石油市场中的异质性投资者分为商业交易者和非商业交易者分别进行分析说明，然后就石油市场中投资者情绪和有限套利进行讨论。从行为金融学角度来看，投资者的认知偏差和行为偏差会直接导致市场中非理性行为，而认知行为又在很大程度上是由投资者情绪决定的。因此，投资者在不同情绪状态下，认知程度和行为模式不尽相同，这将导致市场的非理性反应也会呈现出差异。由于受石油的完全替代品的限制，以及市场噪声交易者风险的限制，现实石油市场中只能进行有限套利。基于以上分析，本章对 De Long 等（1990）

提出的关于噪声交易的基本模型（DSSW）进行改进，将石油市场中两类交易者——商业交易者和非商业交易者进行区分，基于两类交易者的不同决策行为来推断基本面和投机对油价的影响。借助于时变转移概率的马尔科夫模型，对基于基本面和趋势追逐的石油期货价格模型进行参数估计，并分析基本面状态和投机状态的转移概率和平滑概率。

6.1 石油市场中的异质性投资者

如果投资者是同质的，那么石油市场通过套利机制很容易形成均衡。但是，现实中石油市场的参与者由于个人经历、投资偏好、专业知识以及从业背景等方面的差异，因而会存在一定的异质性。投资者的认知偏差和异质性使其交易行为对资产价格产生不同的影响，他们之间的相互作用最终决定了市场的整体反应，或反应过度，或反应不足。

6.1.1 石油市场中的商业交易者

商业交易者是实际参与石油相关业务的商业机构，他们涉及石油的供应、消费以及储存。生产者（石油生产商、国家石油公司、炼油厂等）和消费者（航空公司、航运公司、电厂、炼油厂等），他们既是石油期货市场参与者又是石油现货市场参与者，通过套期保值交易进行风险对冲，主要是为了对冲价格不利变动的风险，以锁定未来交割石油合约的成本或者收益，如表6.1所示。石油生产商、炼油商或其他拥有石油产品并打算出售的企业会因市场价格下跌而遭受损失；同样，需要购进石油产品的企业也会因可能的价格上升而蒙受损失。在石油市场中，生产者和消费者都会面临石油价格风险，因此，他们需要在买进或卖出石油现货的同时在期货市场上进行相反操作，卖出或买进同等数量的石油期货合约，如此套期保值交易策略，在期货交易中所获得的盈利或亏损将会弥补或抵消当油价变动导致现货交易发生亏损或盈利。因而，这些进行套期保值交易的商业交易者会对风险和收益形成理性预期。

表 6.1　石油市场中商业交易者规避价格风险的套期保值策略

交易者	价格风险	策略及工具
石油生产商	低原油价格	卖出原油期货或互换，买入原油看跌期权
炼油商	高原油价格	买入原油期货，买入原油掉期，买入原油认购期权
	低成油品价格	卖出油品期货，卖出油品掉期，买入油品认沽期权
	低炼油利润	卖出油品掉期/期权，同时买进原油掉期/期权 买入油品/原油价差期权或掉期
贸易商（石油公司等）	不利的价差	买入跨期价差期权/掉期，或买入跨区域价差期权/掉期
消费者（航空公司、航运公司等）	高燃油价格	买入期权、掉期和认购期权

根据不同市场主体的各自需要，套期保值交易分为多头套期保值和空头套期保值，两种套期保值的方法也不尽相同。空头套期保值也即卖出套期保值，在期货市场出售期货，以期货市场上的空头来保证现货市场的多头，规避价格下跌的风险；多头套期保值也即买入套期保值，在期货市场中购入期货，以期货市场的多头来保证现货市场的空头，规避价格上涨的风险。

首先，就石油期货市场的卖出套期保值者而言，主要涉及石油及其产品的供给者，如石油生产商。采用石油期货的卖出套期保值的交易方式，可以避免或减少现货出售时因石油价格下跌而遭受损失的风险，从而保证待售和仍在生产过程中的石油产品的经济利润。在具体交易操作上，先在期货市场出售与将要在现货市场销售现货数量相等的期货合约，并在现货出售的同时买入等量的期货合约对冲原有的期货仓位。石油生产商是否盈利取决于石油现货与期货价差的变化，如果价差增大，则现货市场的盈利不仅能弥补期货市场的损失还存在净盈利；价差缩小，现货市场的盈利只能部分弥补期货市场的损失。

以2008年NYMEX的3月WTI原油期货合约为例，分析当石油现货和期货市场上的价格均下降时，以石油生产商为代表的卖出套期保值者的市场交易行为。假设在2008年6月，中东地区某油田对市场石油现货133.88美元/桶的价格比较满意，将加紧生产以获取更大收益。另外，该油田也担心石油现货市场的供给增加会出现过度情况，从而导致油价下跌以及收益下降。因而，为了规避将来油价可能因下跌而给油田利益造成风险，在纽约商品期货交易所进行WTI原油期货合约的卖出套期保值交易以弥补可能的损失。

首先，从表6.2中可以看出，就卖出套期保值交易而言，主要涉及两笔期货交易。仅在期货市场上卖出与现货市场将要出售的原油现货数量相同的原油期货合约，然后在卖出石油现货的同时在期货市场上买入与原有期货合约数量相同的合约数，以对冲原来持有的期货合约部分。表6.2中上半部分的套期保值交易显示，在期货市场的交易中盈利了57.64美元/桶，尽管石油现货市场价格下跌了57.27美元/桶，但期货市场的盈利消除了现货市场价格不利变动的影响。在表6.2的下半部分所显示的石油现货市场和期货市场价格均下跌，但期货价格下跌幅度小于现货价格的下跌幅度，现货价格下跌92.76美元/桶，期货价格下跌87.58美元/桶，基差值减小，导致在现货市场上受到的损失大于在期货市场上获得的盈利，损失只能部分获得弥补，实现减亏保值。

其次，就买入套期保值交易而言，主要是以原油等为原料的石化

表 6.2　NYMEX 的 WTI 原油期货合约的卖出套期保值交易

时间	石油现货市场	石油期货市场	基差
2008 年 6 月 1 日	原油价格为 133.88 美元/桶	以 134.78 美元/桶卖出 10 手 3 月 WTI 期货合约	-0.90 美元/桶
2008 年 10 月 1 日	以 76.61 美元/桶的价格，卖出 10000 桶原油	以 77.14 美元/桶买入 10 手 3 月 WTI 期货合约	-0.53 美元/桶
套期保值结果	亏损 57.27 美元/桶	盈利 57.64 美元/桶	净盈利 0.37 美元/桶
2008 年 9 月 1 日	原油价格为 133.88 美元/桶	以 134.78 美元/桶卖出 10 手 3 月 WTI 期货合约	-0.90 美元/桶
2008 年 12 月 1 日	以 41.12 美元/桶的价格，卖出 10000 桶原油	以 47.20 美元/桶买入 10 手 3 月 WTI 期货合约	-6.08 美元/桶
套期保值结果	亏损 92.76 美元/桶	盈利 87.58 美元/桶	净亏损 5.18 美元/桶

企业或航空公司等成品油的石油消费者，他们担心因原油或成品油价格上涨而遭受损失。因此，可以在期货市场买进与将要买入现货数量相等的期货合约，等到石油现货买进时再卖出等量期货头寸的买入套期保值的交易方式来减小价格风险。

石化企业为锁定成本从而锁定利润，在 NYMEX 进行 WTI 原油期货交易。如果石化企业不进行买入套期保值交易，当现货市场价格上涨时，就必须承担价格风险造成的成本损失。石油期货市场上的套期保值交易虽可以减少现货市场价格不利变动的损失，但同时也失去了获取现货市场价格有利变动的获利机会。以 2011 年 NYMEX 的 3 月 WTI 原油期货合约为例，分析当石油现货和期货市场上的价格均上涨时，以石化企业为代表的卖出套期保值者的市场交易行为。假定我国某石化企业，分别在 2011 年 2 月和 2011 年 10 月，根据当月 NYMEX 的 3 月 WTI 期货价格，分别以 94.7 美元/桶和 86.63 美元/桶与国际原油分销商达成一份原油远期合约，约定在提供一批 3 个月后交割的原油。

从表6.3中可以看出，买入套期保值同样涉及两笔期货交易，首先在期货市场上买入与将要在现货市场买入数量相等的石油期货合约，然后在买入现货的同时在期货市场上卖出期货合约以对冲原先持有的期货合约。表6.3中上半部分，由于现货价格对石化企业的不利变动，使其在现货市场上蒙受损失。通过在期货市场的买入套期保值交易，最终整体上盈利，消除了现货价格不利变动的风险。表6.3中下半部分，期货价格和现货价格均上升，期货价格上升幅度不如现货价格，现货与期货价格间的价差增大，该石化企业在现货市场上亏损12.32美元/桶，在期货市场上获利7.56美元/桶，导致石化企业在期货市场上的盈利无法完全弥补现货市场上的损失，只能实现减亏保值。

表6.3　NYMEX的WTI原油期货合约的买入套期保值交易

时间	现货市场	期货市场	价差
2011年10月1日	原油价格86.32美元/桶	以88.63美元/桶买入10手3月WTI原油期货合约	-3.03美元/桶
2011年12月1日	以98.56美元/桶的价格，买入10000桶原油	以98.92美元/桶卖出10手3月WTI原油期货合约	-0.48美元/桶
套期保值结果	亏损12.24美元/桶	盈利12.86美元/桶	净盈利0.62美元/桶
2011年2月1日	原油价格88.58美元/桶	以94.7美元/桶买入10手3月WTI原油期货合约	-6.12美元/桶
2011年5月1日	以100.90美元/桶的价格，买入10000桶原油	以102.26美元/桶卖出10手3月WTI原油期货合约	-1.36美元/桶
套期保值结果	亏损12.32美元/桶	盈利7.56美元/桶	净亏损4.75美元/桶

买入套期保值者是否盈利同样取决于石油现货与期货价差的变化，当价差缩小时，现货市场的盈利不仅能弥补期货市场的全部损失，甚至会产生净盈利；当价差增大时，现货市场的盈利不仅不能弥补期货市场的损失，甚至会出现净亏损。

6.1.2　石油市场中的非商业交易者

为对抗通货膨胀以及主要信用货币的贬值的需要，能源类大宗商品已成为投资者资产选择中的一个重要类型。与代表实体经济需求的商业性交易者相比，代表金融投资需求的非商业性交易者，如对冲基金、投资银行以及其他投资基金等机构投资者，逐渐地在市场中占据了主导地位。机构投资者的类型非单一雷同，采用不同的投资策略影响石油价格的形成，例如，通过买卖期货合约，赚取期限价差的滚动套利。

6.1.2.1　对冲基金

随着石油类金融市场的不断发展，各种新增资金的大量注入，石油价格的短期波动比以往任何时候都要激烈。在石油期货市场的投机者中，最具威力的首当其冲是对冲基金。对冲基金起源于 20 世纪 50 年代初的美国，那时对冲操作的宗旨在于规避和化解投资风险，利用期货、期权等金融衍生品进行风险对冲操作。

然而，现今的对冲基金失去其原始的风险对冲含义，对冲基金已成为一种新的投资模式代名词，即为了谋取更大回报的机构投资者和富人而设计的合伙制私募发行的投资工具。对冲基金基于最新的投资理论和极其复杂的金融操作技巧，以对冲式套利操作为主要投资策略，充分利用金融衍生品的杠杆效用，并因其合伙私人投资性质，并不受政府管制，运作机制灵活，投资者承担高风险获取高收益。

在国际投机资本中对冲基金是发展速度最快、规模最大的。在过去的 10 年里，对冲基金的数量和管理的资产规模增长了 5 倍左右，目前管理着约19200亿美元的资产（见图6.1和图6.2）。全球对冲基金数量至2000年以来持续攀升，2007年高达10070家，这与当时国际石油价格处于高位相呼应。随着金融危机的爆发，对冲基金数量和规模都有所下降，但随着全球经济缓慢复苏，对冲基金数量又再次上升。

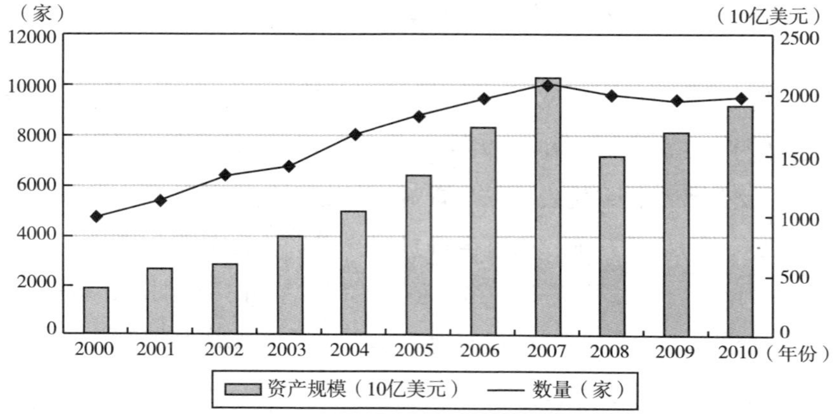

图6.1 全球对冲基金数量及资产规模

资料来源：伦敦国际金融服务局（IFSL）。

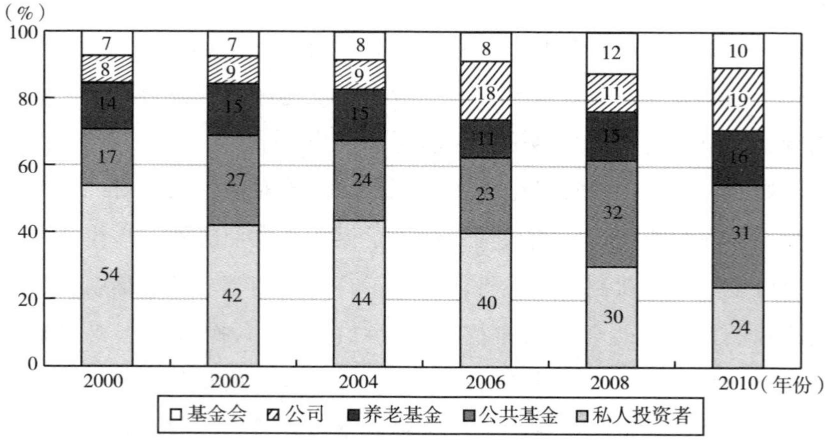

图6.2 全球对冲基金资金来源

资料来源：伦敦国际金融服务局（IFSL）。

从图 6.2 中可以看出，在全球对冲基金资金来源中，私人投资者占比逐年下降，而机构投资者的比例在增加。全球最大的十家对冲基金管理的资产规模如表 6.4 所示。

表 6.4　　全球最大的十家对冲基金管理的资产规模　单位：10 亿美元

基金名称	资产规模
Bridgewater Associates	60
JP Morgan Asset Management	41
Man Group	40
Brevan Howard Asset Management	32
Paulson & Co	32
Highbridge Capital Management	27
Soros Fund Management	27
Och – Ziff Capital Management	26
BlueCrest Capital Management	25
Cerberus Capital Management	24

资料来源：伦敦国际金融服务局（IFSL）。

目前还无法确切地掌握石油市场的对冲基金规模，不同的机构对对冲基金规模的估计不尽相同，本书是根据伦敦国际金融服务局给出的数据进行分析，按照其估计当前的对冲基金规模 2 万亿美元，即使仅投入 1% 的规模参与石油市场交易，也可以造成使用市场的剧烈动荡。而期货市场的金融杠杆效应放大了对冲基金的交易量，造成石油价格走势远远偏离供求关系。同时，对冲基金投资行为的示范效应相当显著，因而对石油价格波动的影响要远远超过对冲基金本身的市场参与程度。

6.1.2.2　期货投资基金

期货投资基金，也称商品交易顾问（Commodity Trading Advisors, CTAs）基金，它是将广大投资者的资金集中起来，委托给期货投资机构，并通过商业交易顾问进行期货投资交易，投资者承担投资风险并享有投资利润的一种投资工具。这里，商业交易顾问是指在商品期货监管机构注册的建议他人在恰当时候购买或出售期货合约和期权的组织或个人。

近年来，养老基金、保险基金、慈善基金等对非主流投资工具的追逐，使期货投资基金的规模随之膨胀，CTAs 基金在全球期货市场中的作用和影响日益凸显。这类基金多采用各种技术分析方法来探测强劲市场走势或市场逆转的拐点信号，并通过一整套指标体系来确定何时入场交易，何时平仓离场，以期通过频繁的市场操作在价格波动中获利。

一个市场的繁荣必然会招致大量投资者或投机者的涌入，CTAs 基金正是趋势的追逐者，他们趋向于冲高时买入，在价格下跌时卖出，这就加剧了商品价格波动的区间。因此，当大量 CTAs 基金同时买入或卖出时，这种“羊群”效应对价格波动影响就尤为明显。2008 ~ 2009 年，原油价格从 147 美元/桶跌到谷底的 33 美元/桶，再反弹至 70 美元/桶只用了短短的一年，商品市场的这种疯狂吸引了大量基金加入 CTAs，全球期货 CTAs 基金规模急剧上升。

根据 Barclay Hedge 提供的数据截至 2011 年 12 月 31 日，全球期货市场上比较活跃的管理型期货投资基金（CTAs）管理的资产总计 3203 亿美元，比 2000 年的 379 亿美元增加了 8 倍（见图 6.3）。

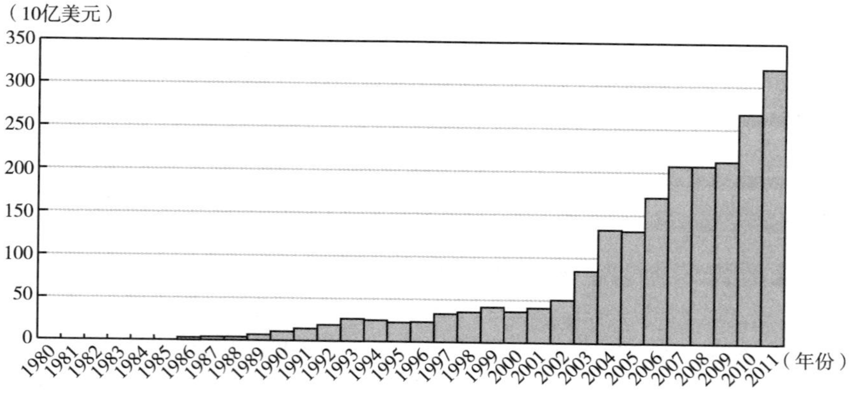

图 6.3　全球期货 CTAs 基金规模（1980 ~ 2011 年）

资料来源：巴克莱对冲基金 www. Barclay Hedge. com。

在过去 10 年中，由于股票市场较为疲软，促使投资者寻求其他的资产投资项目，而商品交易顾问长期平均回报率高，直接导致商品交易顾问在规模和数量上增长迅速。目前这类期货投资基金主要集中在美国市场。

6.1.2.3　商品指数基金

近几年石油期货市场中大量涌入一种新型参与者——商品指数基金（Commodity Index Fund）。商品指数基金对商品市场的投资主要通过投资与商品相联系的衍生金融工具，如商品期货、期权和商品互换等，不直接投资现货商品。采取的投资策略是根据所跟踪的商品指数包含的一篮子商品期货中不同品种的权重买入并持有商品期货。商品指数基金的投资行为与传统投机者不同，他们只做多头不做空头，并且长期持有期货合约。目前商品指数基金主要跟踪的商品指数有高盛商品指数（GSCI）、道琼斯 AIG 商品指数（DJ - AIG）、路透 CRB 商品指数、德意志银行流动商品指数（DBLCI）、罗杰斯国际商品指数（RICI）、标准普尔商品指数（SPCI）。跟踪资金规模最大的商品指数为高盛商品指数，其中能源商品的权重最大。在其他商品指数中，能源所占权重也较高（见表 6.5）。

表 6.5　主要商品价格指数权重　单位:%

指数 商品	高盛商品价格指数（GSCI）	德意志银行商品价格指数（DBLCI）	道琼斯商品价格指数（DJ - AIG）	路透商品价格指数（Reuters - CRB）
能源	75.6	55	36.2	17.6
农产品	10.4	22.5	29.7	47.1
工业金属	6.8	12.5	17.6	5.9
养殖	5.4	0	9.2	11.8
贵金属	1.8	10	7.3	17.6

资料来源：DB Global Markets Research。

对石油期货市场参与者的关注主要集中在商品指数投资基金，以及为指数基金提供中间服务的互换交易商身上。商品指数基金最大的特点就是偏爱进行做多交易，他们利用石油的不可再生性进行猛烈做多操作。由于投入商品市场的资金量快速增长，而能源在商品指数中所占权重较高，因此，当大量的资金进入原油等能源商品期货市场时，保证资金的充足，不必担心卖空操作所带来的到交割期没有石油来交割的困境。这种市场操作不可避免地推动了原油等能源价格的持续大幅上涨，因此，不少学者和市场人士认为经由商品指数基金产品的大量资金流入市场是推动油价上涨的重要原因。一般而言，只有当通货膨胀预期减弱或消失时，商品指数基金才会从原油等大宗商品市场中撤出。

6.2 石油市场中投资者情绪与有限套利

Merino 和 Ortiz（2005）以及 Kristiansen（2008）的研究显示，石油价格波动行为对有效市场假说形成挑战，仅靠石油供需基本面因素是无法完全解释近年来石油价格的表现。根据第 5 章的分析，我们知道石油市场中的投机行为对油价的影响不容小觑。尤其近年来，石油期货市场存在不同程度的“异象”，如过度交易及序列负相关所造成的市场无效率。有理由相信石油市场在 2003 ~ 2008 年呈现的市场泡沫现象与市场中的金融化投机有很强的相关性。石油市场中交易者行为以及其对油价的影响都表明，行为金融理论通过对个体理性假设的放松，可以很好地分析解释石油市场所出现的“异象”。本节首先简要分析投资者情绪理论对解释市场“异象”的作用，然后对石油市场中的有限套利进行分析。

6.2.1 石油市场中投资者情绪

投资者情绪和投资异质性都假设投资者存在某种程度上的认知、

情绪或行为偏差，并由此导致市场的非理性反应。在不同情绪作用下，异质性投资者的认知和行为会进一步分化，由此导致他们市场反应会表现出更加明显的差异。

按照市场有效假说，若石油市场中的投资者是理性的，那么石油价格则不体现投资者情绪。即使投资者情绪能导致油价偏离其基本面价值，石油市场套利者也会通过交易将油价恢复到期基本面价值，使油价的这种偏离很快消失。然而，如前所述，在现实的石油市场中存在大量的噪声交易者，市场中的噪声交易者受到自身主观情绪的影响，往往在决策中表现出类似特征，并呈现出系统且持久的一致性。套利者因为石油市场中存在交易成本、卖空限制等因素，无法及时消除或校正石油价格的噪声或偏误，市场定价的无效状态将持续下去。同时，由于噪声交易者在市场中持续系统的存在，使套利风险加大，理性套利无法实现。正如 De Long 等（1989，1990）所指出的噪声交易者在市场中的投资情绪对资产定价起到重要作用。

有限理性的假设尤其针对普通投资者以及石油投资者中那些不能完全处理新信息的投资者，他们往往依赖于框架和启发式方法，这虽然有助于识别和理解数据模式，但是往往会导致系统和预测偏差。在第 3 章理论分析中我们已经认识这种误差是由人们的认知偏差产生的，石油投资者也普遍存在这种认知偏差，如框定、过度自信、过度乐观等，使他们行为具有社会性，甚至相信谣言或模仿他人错误决策。这也成为石油市场出现“异象”的原因之一。石油市场中的过度自信行为表现为期货市场的交易量不断攀升。正如 2003～2008 年，纽约商品交易所中的原油交易活动异常活跃，非商业持仓量持续高位。

6.2.2 石油市场中的有限套利

有效市场假说理论中的一个重要假设是，当一些非理性投资者的行为造成错误定价或价格偏离其基本面价值时，理性投资者将通过套利校正这种偏离。有限套利的行为理论认为，实际套利中存在的风险和成本使套利失去吸引力，因此错误定价继续存在（Shleifer and Vishny，1997）。其中，市场中的三类风险限制了套利，基本面风险、噪声交易者风险以及执行成本。这些我们已经在理论分析部分以股票市场为例讨论过，石油市场中的噪声交易者风险和执行成本与股票市场类似，但石油市场投资者所面临的基本面风险则不同。

对于石油市场中的噪声交易者而言，他们会错误地认为其拥有对石油未来价格的特殊信息，这种信心可以来自技术分析、机构咨询的信号等，但是，他们非理性地认为这些信号包含有价值的信息，并以此作为投资决策的依据。正是由于他们对石油市场的基本面存在一定程度的认识偏差，从而产生比理性投资者过度或者不足的需求量，导致油价偏离基本面价值。作为对噪声交易行为的反应，理性投资者应利用噪声交易者的非理性行为，进行反向交易策略以获取利润。这种反向交易策略有时会使石油价格趋于基本面价值，但情况并非总是如此。因为套利的功能有限，即使不存在基本面风险，噪声交易者的行为也会让理性投资者的套利活动面临风险，从而限制套利的效果。

另外，为了回避基本面风险，理性投资者在卖空价格高估的商品的同时，必须买进同样或相似且价格没有被高估的替代商品。石油的合适替代品很难获得，虽然页岩油和可燃冰在一定程度上可以作为替代能源，但是由于开采过程的技术要求很高，成本相应也较高，吸引力远不如石油。所以即使石油价格出现偏差，理性套利者也无法进行无风险的对冲交易。直到技术进步可以低成本地获得石油替代品，基本面风险才可以从套利中消除。对于 2003 ~ 2008 年持续 5 年的石油价格异动来说，噪声交易者风险是必须考虑的，此外，还要考虑石油市场交易中所涉及的执行成本，包括运输成本、仓储成本等。

6.3　石油期货市场中的异质性主体模型

与商业交易者相反，非商业交易者并未实际涉及石油相关业务。他们对石油市场形成干预，是因为他们希望从石油价格风险中获得收益。然而，商业交易者能无成本地进入石油期货市场，非商业交易者却必须面临一个进入成本。此外，非商业交易者无法完全拥有石油价格基本面信息，其中，一类非商业交易者依据自己对石油基本价值的主观判断进行交易，这里我们称为“价值交易者”；另一类依据观察的历史价格趋势进行交易，称为“惯性交易者”。惯性交易者试图通过对历史价格走势的分析推断出某种价格模式，如价格趋势，以及如何将这些模式运用在他们的投资决策中。尽管将石油市场中的交易者划分为不同类型在某种程度上有些武断，如理性与非理性。但这种分类是建立在石油市场中的一些交易者确实拥有比其他交易者更多更有用的信息，以及市场中不同类型交易者根据信息权衡的决策过程可以利用理论和实证模型进行解释。

6.3.1　噪声交易者模型的改进

De Long 等（1990）提出的 DSSW 模型解释了存在噪声交易者的市场中，理性投资者的套利行为会因为噪声交易者带来的额外风险而受到限制，从而使金融资产的价格无法回归其基本面价值。但是，不可否认，DSSW 模型并没有很好地解释理性投资者的套利行为是如何受到限制的。实际上，石油市场并非如经典金融学理论所假设的是由无数持有小头寸的套利者组成，而是由一些专业化的套利者组成，这些专业化的投资者通过所拥有的信息和知识，与市场外部投资资金相结合，持有石油市场的大量头寸。因此，本节模型试图对 DSSW 模型进行改进，讨论石油市场中噪声交易者行为是如何影响理性投资者的套利行为，导致石油价格的价值偏离。

本节建立的石油市场异质性主体模型实质上是根据 Samuelson（1958）提出的两期世代交叠模型发展而来，我们假设市场主体将其财富在无风险资产和石油期货合约间进行配置，其中无风险资产的供给完全弹性。根据 De Long 等（1990）提出的 DSSW 模型的基本框架，假设第 0 期市场不存在信息发布，也没有交易发生，并且不考虑劳动供给和遗产因素，因此，所有的行为人投资所用的资源都是外生变量，他们所要做的唯一决定就是要在年轻时决定如何配置他们的资产组合。交易者具有同样的禀赋，但是他们在石油期货和现货市场的交易能力却不相同。这里我们主要区分石油市场中的两类市场主体：商业交易者（理性套利者）和非商业交易者（噪声交易者），其中，噪声交易者又分为价值交易者和惯性交易者。

假设每一期出生一代交易者，令商业交易者占总交易者的份额为 N_1，而非商业交易者是有限理性的投资者，其中的“价值交易者”占总交易者的份额为 N_2，“惯性交易者”占总交易者份额为 N_3。交易者的决策是基于 t 时期他们总财富（W）所投入石油市场的比例 b_t^j，剩余财富将投入利率为 r 的无风险资产。每位投资者都面临一个绝对风险厌恶效用函数：

$$U = -\exp^{-aE_t(W_{t+1})} \tag{6.1}$$

其中，a 为绝对风险厌恶系数。

投资者的目的是最大化其生命周期结束时的财富 W_{t+1}，而石油期货合约的收益服从正态分布，因此，最大化期望效用 $E_t(U) = E_t(W_{t+1}) - 2a\sigma^2_{E_t(W_{t+1})}$。交易者 j 的生命周期结束时的财富 W_{t+1}^j 为：

$$W_{t+1}^j = (1 + r_t)W + \tau_t^j(b_t^j\rho_{t+1} - C_j) \tag{6.2}$$

因此，交易者 j 的生命周期结束时的财富 W_{t+1}^j 等于交易者最初财富乘以无风险利率加上入场者 j 投资石油市场的超额收益（ρ_{t+1}）减去其进入市场所产生的一个固定成本。其中，C_j 反映了交易者 j 进入石油市场的成本。

正如之前所描述的，我们假设存在三类交易者，第一，商业交易者被假设为拥有对决定未来石油价格走势的准确信息渠道，并且不存在市场进入成本。他们非常了解石油市场，能够无成本地处理新信息，并能理性地基于市场基本面状况对未来做出决策。对于这类交易者，投资石油期货市场的预期超额回报可以表示为：

$$
\begin{aligned}
&E_t^1(\rho_{t+1}) = S_t + r_t - E_t(G_{t,t+1}) - F_{t,t+1} \\
&var_t^1(\rho_{t+1}) = var_t(\rho_{t+1}) \\
&C_1 = 0
\end{aligned}
\tag{6.3}
$$

第二，与商业交易者不同，非商业交易者对于油价的决定没有完全的信息，同时还面临市场进入成本。对于非商业交易者中的价值交易者而言，虽然无法掌握全部信息，但他们也是基于市场基本面对未来做出决策。因此，这类交易者投资石油市场的回报可以写为：

$$
\begin{aligned}
&E_t^2(\rho_{t+1}) = S_t + r_t - E_t(G_{t,t+1}) - F_{t,t+1} + \eta_t \\
&var_t^2(\rho_{t+1}) = var_t(\rho_{t+1}) \\
&C_2 > 0
\end{aligned}
\tag{6.4}
$$

其中，η_t 表示非商业交易者中价值交易者对预期石油需求的偏误程度，这个偏误服从正态独立同分布 $\eta_t \sim N(\eta^*, \sigma_{\eta_t}^2)$，并且假设其与石油市场基本面不相关。我们通过假设噪声的方差是石油期货价格的无条件方差的一个比率来衡量非商业交易者对市场不确定的误差大小，即 $\sigma_{\eta_t}^2 = \lambda\sigma_{F_{t,t+1}}^2$，且 $\lambda > 1$。

第三，还有一类非商业交易者——惯性交易者基于历史价格预期未来价格，他们的投资收益可以表示为：

$$
\begin{aligned}
&E_t^3(\rho_{t+1}) = S_t - F_{t-1,t} \\
&var_t^3(\rho_{t+1}) = var_t(\rho_{t+1}) \\
&C_3 > 0
\end{aligned}
\tag{6.5}
$$

基于以上预期收益，我们可以决定各类交易者投资石油期货市场的最优份额，并能获得两类非商业交易者进入市场的条件。

各类交易者投资石油期货市场的最优份额为（De Long et al.，1990）：

$$b_t^j = \frac{E_t^j(\rho_{t+1})}{a\sigma^2_{\rho_{t+1}}} \tag{6.6}$$

此外，石油期货市场出清的条件为净供给为零（Irwin et al.，1997）：

$$b_t^1 N_1 + b_t^2 N_2 + b_t^3 N_3 = 0 \tag{6.7}$$

通过以上方程，可以得到石油期货价格的定价方程：

$$F_{t,t+1} = [S_t + r_t - E_t(G_{t,t+1})] + \frac{N_2}{N_1 + N_2}\eta_t + \frac{N_3}{N_1 + N_2}[S_t - F_{t-1,t}] \tag{6.8}$$

石油期货价格波动表示为：

$$\sigma^2_{F_{t,t+1}} = \sigma^2_{S_t} + \sigma^2_{G_{t,t+1}} + \left(\frac{N_3}{N_1 + N_2}\right)^2 \sigma^2_{S_t} + \left(\frac{N_2}{N_1 + N_2}\right)^2 \sigma^2_{\eta_t} \tag{6.9}$$

以上方程表明，噪声交易者的情绪会影响石油期货合约的价格。方程（6.8）的中括号里表示在不存在非商业交易者时，期货价格是等于基本面价值，而第二项和第三项表示来自非商业交易者的价格压力。如果价值交易者看跌未来石油需求，那么石油价格将会低于基本面价值。同样，当惯性交易者根据历史价格趋势判断价格下行走势，那么石油价格也将会低于基本面价值。根据方程（6.9）我们发现，就石油期货价格波动而言，噪声交易者数量增加以及噪声交易者情绪变化都会造成期货价格显著波动。

投资过程反映了投资者的心理过程，由于主体认知偏差的存在，投资者会产生不同的石油定价偏差，而石油定价偏差又会反过来影响投资者对石油价格的认识与判断。理性的投资者则会利用噪声交易者的非理性认知取得获利机会，这种反向交易策略在一些时候会使资产价格回归其基本面价值，但在很多情况下，套利作用是有限的。因为，市场中的自适应预期和“羊群”效应会干扰套利作用的发挥。

价格持续上涨会刺激投资者的乐观情绪，而价格下跌则会加重悲观情绪，刺激市场中盲目从众的心理。

接下来，我们将交易池内的交易者构成内生化。对于不能忍受任何进入成本的交易者（如商业交易者）来说，不存在进入成本一说。但是，对非商业交易者来说，只有当资产组合多样化的收益超过进入成本时，才会进入市场。价值交易者与动量交易者的总收益分别为：

$$GB_2 = \frac{1}{2a}\log(1+\lambda) + \frac{1}{2a(1+\lambda)}\frac{(S_t + r_t - E_t(G_{t,t+1}) - F_{t,t+1})^2}{\sigma^2_{F_{t,t+1}}}$$

$$= \frac{1}{2a}\log(1+\lambda) + \frac{1}{2a(1+\lambda)}\frac{\left[-\frac{N_3}{N_1+N_2}(S_t - F_{t-1,t})\right]^2}{\left[1+\lambda\left(\frac{N_2}{N_1+N_2}\right)^2 + \left(\frac{N_3}{N_1+N_2}\right)^2\right]\sigma^2_{S_t} + \sigma^2_{G_{t,t+1}}} \tag{6.10}$$

$$GB_3 = \frac{1}{2a}\log(1+\lambda) + \frac{1}{2a(1+\lambda)}\frac{(S_t - F_{t-1,t})^2}{\sigma^2_{F_{t,t+1}}}$$

$$= \frac{1}{2a}\log(1+\lambda) + \frac{1}{2a(1+\lambda)}\frac{\left[-\frac{N_1+N_2}{N_3}(S_t + r_t - E_t(G_{t,t+1}) - F_{t,t+1})\right]^2}{\left[1+\lambda\left(\frac{N_2}{N_1+N_2}\right)^2 + \left(\frac{N_3}{N_1+N_2}\right)^2\right]\sigma^2_{S_t} + \sigma^2_{G_{t,t+1}}} \tag{6.11}$$

对于一个边际非商业交易者来说，进入市场的收益，随着预期石油价格偏离基本面或者历史趋势而增加，随着石油期货价格波动而减小。这表明，石油价格偏离基本面价值越远，愿意进入市场的非商业交易者中的价值交易者将增加，同样，石油趋势性的增强将吸引更多的惯性交易者。然而，在均衡情况下，市场的风险溢价以及石油价格的方差都是关于进入市场的非商业交易数量（N_2 和 N_3）的函数。边际价值交易者是否进入市场，依赖于进入成本大小、非商业交易者与商业交易者在市场中的份额、石油需求预期的不确定程度、石油价格变化以及预期石油价格。研究结果发现“惯性交易者”的参与将进一步扩大价格的惯性效应，从而导致价格的“过度反应”现象。一方面，由于私人信息的传播速度有限，价值交易者对价格的反应相对滞后，不可避免会形成价格惯性效应；另一方面，在正向反馈交易的作用下，惯性交易者由于无法掌握私人信息的速度传播，更容易扩大价格的惯性效应，将价格推向长期反转的过度反应。

总之，如果基本面波动增强、未来石油需求不确定性增大以及石油价格偏离基本面或者历史价格趋势程度小，此时只有商业交易者进入市场。如果石油现货价格发生不可预测的冲击，或者未来石油需求不确定性下降，非商业交易者将进入市场。在这种情况下，石油期货价格方差将增加，石油期货价格是一个各种预测的加权平均。石油期货价格波动超过其基本面价值，石油期货价格波动的增加将减少边际非商业交易者进入市场的收益。

6.3.2 时变转移概率马尔科夫模型

6.3.1 节中的模型是一个一般多重均衡模型，均衡依赖于进入石油期货市场的非商业交易者数量。如果他们出现在石油期货市场，会导致石油价格的波动率增加；如果他们不出现在石油期货市场上，石油期货价格走势则是基于由商业交易者统治的市场基本面因素。因此，非商业交易者是否存在于石油期货市场成为影响石油期货价格的重要因素，而非商业交易者是否进入市场又依赖于边际非商业交易者进入石油期货市场所获得的净收益。根据方程（6.10）和方程（6.11），需要考察非商业交易者的数量、石油期货价格对基本面或其历史趋势的偏离程度，以及基本面的波动情况。为了对模型假设及其结果进行实证检验，本节利用两状态的时变转移概率的马尔科夫转移模型，这种模型与我们的理论模型最为契合。

马尔科夫转移模型（Markov regime switching model，MS）是一种典型的且应用广泛的分段模型，马尔科夫状态转移模型中假设状态的变化由一个潜在的不可观测状态变量的取值所决定，并且假设这个潜在的状态变量服从马尔科夫过程。Hamilton（1989）最早利用 MS 模型对美国经济周期的划分。在此之后，涌现出大量基于马尔科夫转移模型的扩展模型，时变转移概率马尔科夫转移模型就是其中之一。转移概率是随着信息变量的变化而变动，如经济实力、偏离基本价值的程度以及其他领先指标的变化。

在本节的时变转移概率马尔科夫模型中，我们假设时间序列在两种不同的状态（S_t）下进行转换：一种是基于基本面状态（fund），石油期货价格是关于一系列基本面因素的函数；另一种为趋势追逐状态（trend），石油期货价格是关于历史价格走势的函数。通过马尔科夫转移模型我们可以得到两种状态的转移概率，这个概率可视为商业交易者或非商业交易者对油价预测的权重。状态之间的转移可以用状态转移矩阵表示：

$$P=\begin{bmatrix} P_{11} & 1-P_{11} \\ 1-P_{22} & P_{22} \end{bmatrix} \tag{6.12}$$

其中，P_{11}表示基本面状态转移到基本面状态的概率：$P_{11}=P(S_t=\text{fund}\mid S_{t-1}=\text{fund})$，$P_{12}=1-P_{11}$表示基本面状态转移到趋势追逐状态，$P_{22}$表示趋势追逐转移到趋势追逐状态的概率：$P_{22}=P(S_t=\text{trend}\mid S_{t-1}=\text{trend})$。

Durland（1994）假设转移概率仅条件依赖于持久期变量，以概率形式估计，将原有的马尔科夫基本模型扩展为时变概率模型，即持久期依赖的 TVTP - MS 模型：

$$P_{ii}=\frac{\exp(a_i+b_iD_{t-1})}{1+\exp(a_i+b_iD_{t-1})} \tag{6.13}$$

根据 Filardo（1994）假设转移概率仅条件依赖于某先行指标 z_t，则时变转移概率矩阵为：

$$P(S_t|S_{t-1},z_t)=\begin{bmatrix} p(z_t) & 1-p(z_t) \\ 1-q(z_t) & q(z_t) \end{bmatrix} \tag{6.14}$$

为了估计马尔科夫转换模型，我们首先要设定将要估计的两状态下的方程。就基本面模型而言，正如第 5 章对石油存货模型的理论分析，石油期货价格可以用存货模型表示：

$$F_{t,T}=S_t+(T-t)r_t-\psi_{t,T} \tag{6.15}$$

其中，$\psi_{t,T}$为净便利收益。在我们的实证模型中，净便利收益为现货价格、存货水平 I_t 以及石油需求预期 $E(Q_{t+1})$ 的函数（Pindyck，1994）。因此，这个理论模型可以转化为以下计量模型：

$$F_{t,T}=\alpha_0+\alpha_1(S_t)+\alpha_2 r_{t,T}+\alpha_3 E_t(Q_{t+1})+\alpha_4 I_t+\varepsilon_t \tag{6.16}$$

就趋势追逐模型而言，我们通过从一般到具体的分析方法，最终得到以下具体方程：

$$F_{t,T}=\beta_0+\beta_1 F_{t-1,T-1}+\beta_2 AT_{t-1}+\beta_3 QMA_{t-1}+\beta_4 trend+\nu_t \tag{6.17}$$

其中，石油期货价格是关于自身滞后项的函数，一期滞后年度趋势为：$AT_{t-1}=\frac{(F_{t-1,T-1}-F_{t-13,T-13})}{12}$，一期滞后季度移动平均：$QMA_{t-1}=\frac{(F_{t-1,T-1}+F_{t-2,T-2}+F_{t-3,T-3})}{3}$。

那么，具体的估计模型形式为：

$$F_{t,T}=\alpha_0+\alpha_1(S_t)+\alpha_2 r_{t,T}+\alpha_3 E_t(Q_{t+1})+\alpha_4 N_t+\varepsilon_t \quad \varepsilon_t\sim N(0,\sigma^2_{fund,t}) \tag{6.18}$$

$$F_{t,T}=\beta_0+\beta_1 F_{t-1,T-1}+\beta_2 AT_{t-1}+\beta_3 QMA_{t-1}+\beta_4 trend+\nu_t \quad \nu_t\sim N(0,\sigma^2_{trend,t}) \tag{6.19}$$

就价格波动程度而言，根据我们之前的理论分析，第一种状态的价格波动应小于第二种：$\sigma^2_{regime1}<\sigma^2_{regime2}$。

除了构造上述两个区制方程外，我们还需要建立关于转移概率决定的模型。转移概率中所需信息变量是由边际非商业交易者进入市场获得的净收益决定，即石油期货价格偏离其趋势的程度，以及市场中非商业交易者的数量。基于理论模型，我们预测仍留在趋势追逐状态的概率与这两个变量正相关。就基本面状态而言，如果石油价格进一步偏离基本面以及基本面波动增加，我们预测其仍留在基本面状态的概率将上升。

转移概率 P_{11} 是基于商业交易者而言，故：

$$P_{11} = P(S_t = fund \mid S_{t-1} = fund) = \frac{e^{(p^0 + p^1 V_t)}}{1 + e^{(p^0 + p^1 V_t)}} \tag{6.20}$$

转移概率 P_{22} 是基于非商业交易者而言，故：

$$P_{22} = P(S_t = trend \mid S_{t-1} = trend) = \frac{e^{(q^0 + q^1 W_t)}}{1 + e^{(q^0 + q^1 W_t)}} \tag{6.21}$$

其中，V_t 取决于基本面波动程度以及油价对基本面的偏离程度，因此我们有：

$$V_t = b_1 \times (\Delta fund) + b_2 \times (\varepsilon_{t-1})^2 \tag{6.22}$$

W_t 取决于非商业交易者的数量以及油价对其趋势的偏离，因此有：

$$W_t = b_3 \times (spec) + b_4 \times (\nu_{t-1})^2 \tag{6.23}$$

我们希望式（6.20）和式（6.21）所有的系数均为正。

Filardo 和 Gordon（1998）给出基于贝叶斯方法及 Gibbs 抽样的对时变转移概率的状态转移模型的具体估计算法，本章将采用该方法进行估计。下一节将讨论实证估计所用的数据以及估计结果。

6.3.3　数据分析与实证结果

为了检验上述模型，我们需要选择相应的变量。首先，要选取一种石油期货价格。目前全球石油交易市场主要涉及三种基准原油：北海布伦特、西德克萨斯中质原油（WTI）以及迪拜原油。WTI 原油和迪拜原油分别在美国和亚洲交易，而在英国伦敦国际石油交易所

(IPE) 进行交易的北海布伦特原油涉及全球，占据全球原油交易的2/3。本节采用 WTI 原油期货价格作为分析对象，主要是因为 CFTC 报告的期货市场交易数据是以纽约商品交易所 (NYMEX) 的 WTI 原油期货合约为基础的。WTI 原油价格数据来源于美国能源信息署 (EIA)。其次，除了期货和现货石油价格外，基本方程中还需要预期石油需求、石油存货和无风险利率的数据。对于预期石油需求，我们采用国际能源机构 (IEA) 每月发布的全球石油市场月度报告中的数据，这些数据是从 1992 年 1 月开始，预测下一个季度的石油需求量。同时，为了数据间的相互匹配，我们选取 3 月石油期货合约的价格作为期货价格。由于全球石油存货的数据无法获取，这里采用美国能源信息署 (EIA) 公布的经合组织 (OECD) 的石油存货数据。无风险利率则是采用美国 10 年期国债收益率表示。

就转移方程而言，我们需要知道基本面的波动程度，在本节中，以石油需求的波动表示。此外，还需要知道石油期货市场中的投机活动表现。Working (1954, 1960) 认为期货市场是以套期保值为主的市场，投机是跟随套期保值交易变化而变化。这里，我们利用 Working (1960) 提出的一种反映期货市场投机程度的 T 指数指标来衡量石油市场中的投机活动，T 指数表示为：

$$T = \begin{cases} 1 + \dfrac{NCS}{HL + HS}, & HS \geq HL \\ 1 + \dfrac{NCL}{HL + HS}, & HS < HL \end{cases} \tag{6.24}$$

其中，NCS 为非商业空头持仓，NCL 为非商业多头持仓，HS 为空头套期保值持仓，HL 为多头套期保值持仓。计算 T 指数需要用到 CFTC 公布的交易者持仓报告。

实际上，本章将石油市场中的套期保值者和投机者的区别表述为纯风险规避和纯投机之间差异。T 指数的计算结果如图 6.4 所示。我们可以看到，T 指数在 2003 年以前一直处于相对平稳波动状态，月平均指数约为 1.15，这表明石油期货市场中的投机水平超过套期保值需求的 15%。同时，自 2003 年年初，T 指数开始稳步上升，到 2007 年迅速到达峰值 1.5。

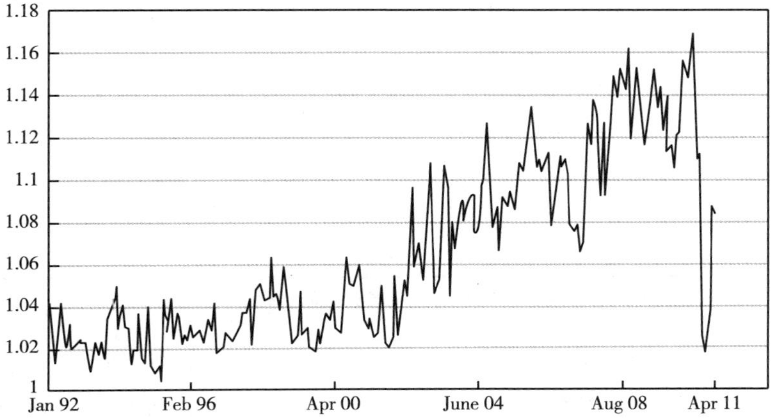

图 6.4　石油期货市场中投机活动指数（1992 年 1 月至 2011 年 10 月）

根据之前实证模型的推导，我们可以进一步得到基于基本面交易和基于历史价格趋势交易的转移概率方程：

$$P(S_t = fund \mid S_{t-1} = fund) = \frac{e^{(p^0 + p^1(\varepsilon_{t-1})^2)}}{1 + e^{(p^0 + p^1(\varepsilon_{t-1})^2)}} \tag{6.25}$$

$$P(S_t = trend \mid S_{t-1} = trend) = \frac{e^{(q^0 + q^1 \nu_{t-1} + q^2 spec_t)}}{1 + e^{(q^0 + q^1 \nu_{t-1} + q^2 spec_t)}} \tag{6.26}$$

时变转移概率马尔科夫转移模型（TVTP－MS）的估计样本区间为 1992 年 1 月至 2011 年 12 月，估计结果如表 6.6 所示。

表 6.6　　马尔科夫转移模型估计结果

基本面方程		趋势方程	
α_0	-18.055**	β_0	-2.042**
α_1	0.896**	β_1	0.930**
α_2	0.325**	β_2	0.055**
α_3	0.073*	β_3	0.692**
α_4	0.022**	β_4	0.038*

续表

基本面方程		趋势方程	
p^0	0.408 *	q^0	0.868 **
p^1	0.052 *	q^1	0.937 **
		q^2	28.735 *
方差			
基本面方程		趋势方程	
$\sigma^2_{com,t}$	2.038 **	$\sigma^2_{trend,t}$	19.164 **

注：* 表示在 10% 临界水平上显著，** 表示在 5% 临界水平上显著。

实证结果证实了 6.3.2 节中所论述的石油期货市场存在“基本面”和“趋势追逐”两种状态。在基本面状态中，所有的解释变量统计上显著，石油现货价格、无风险利率以及石油存货都与石油期货价格正相关。同时，预期石油需求的增加将导致石油期货价格的下降。就时变转移概率而言，我们发现，当石油期货价格偏离基本面程度越大时，仍然处于基本面状态的概率将显著增加，如图 6.5 中所示。

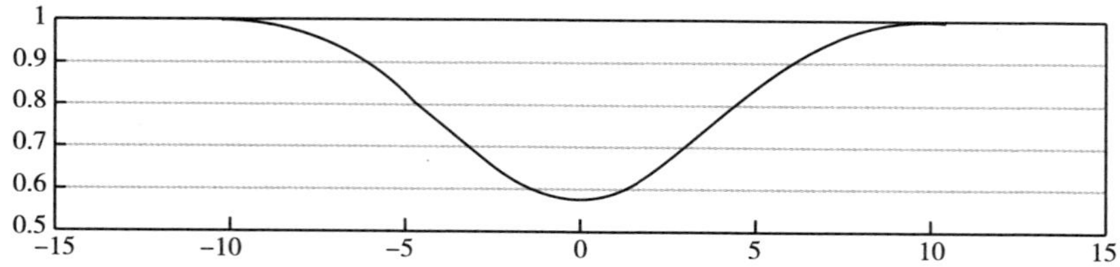

图 6.5　基于参数估计的两状态转移概率（仍处于基本面状态的概率）

注：X 轴为偏离基本面程度，Y 轴为基本面状态。

我们还发现，当石油期货价格偏离历史趋势越远，仍处于趋势追逐状态的概率越高，如图 6.6 所示。同时，投机活动指数的系数估计统计上显著，并且随着投机活动指数的增长，仍处于趋势追逐状态的概率也就越高，如图 6.7 所示。

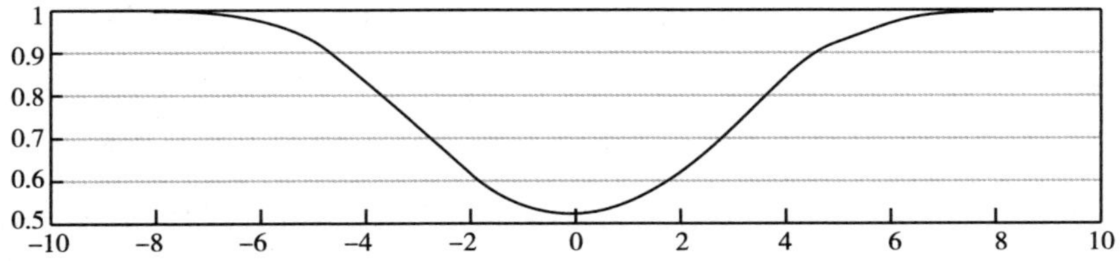

图 6.6　基于参数估计的两状态转移概率（仍处于趋势追逐状态的概率）

注：X 轴为偏离历史趋势的程度，Y 轴为趋势追逐状态。

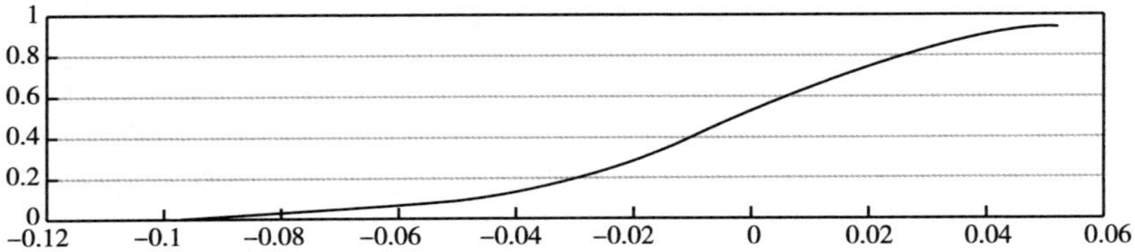

图 6.7　基于参数估计的两状态转移概率（仍处于趋势追逐状态的概率）

注：X 轴为投机持仓程度，Y 轴为趋势追逐状态。

对于 $\sigma^2_{fund,t}$ 和 $\sigma^2_{trend,t}$ 方差估计结果，趋势追逐状态的波动程度要高于基本面状态的波动程度，似然比检验表明这种差别是统计上显著的，这进一步验证了理论模型的结论。

通过平滑概率可以了解在 t 时刻，发生基本面状态和趋势追逐状态的可能性。如图 6.8 所示，平滑概率值越大，曲线距离横轴越远，

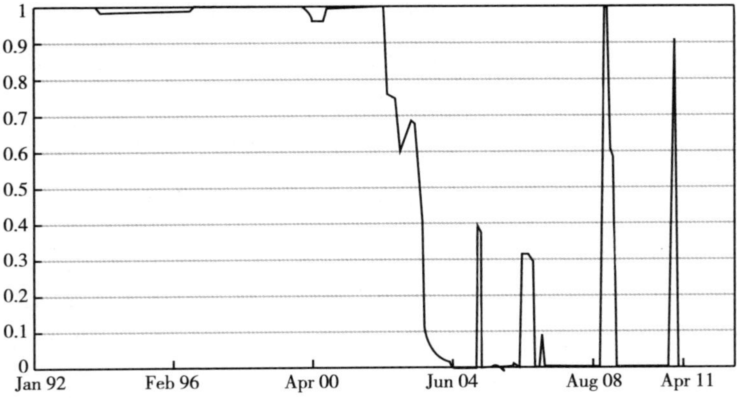

图 6.8　处于基本面状态的平滑概率

说明处于基本面状态的概率越大。在所选样本的早期，1992 年 1 月至 2004 年 1 月，基本面状态明显占市场主导地位。但自那以后，发生了几次状态转，在大部分剩余样本区间，趋势追逐状态主导着市场走向，这表明这一时期的油价波动受到来自投机和趋势追逐行为的影响。在样本最后区间，基本面状态再次出现，但概率水平不到 100%。

6.4 本章小结

一般认为期货市场的基本功能是价格发现和风险规避，为交易者提供准确的价格信号。但是近几年能源期货市场的表现让人不禁质疑这种说法的准确性。根据上述几章的分析研究，我们知道石油市场并不符合标准金融学理论的有效市场假说。石油市场中存在持有不同交易策略的异质性主体，他们相互之间的交易行为对油价的形成起到至关重要的作用。

就石油市场而言，参与者可分为商业交易者和非商业交易者，商业交易者是实际参与石油相关业务的商业机构，他们涉及石油的供应、消费以及储存。非商业交易者则不涉及实际石油相关业务。近年来，商品指数基金作为石油期货市场中的一种新型参与者，它们进入期货市场的方式往往是通过大型投资银行的互换协议，它们只做多头不做空头，并且长期持有石油期货合约。在期货合约快到期时，商品指数基金转换头寸（Rolling）以保持长期持有。虽然商品指数基金的行为方式与传统投机者存在不同，但他们对于期货价格的影响方式与传统投机者没有太大差别。

正是由于石油市场中投资者的异质性，投资者存在一定程度上的认知和行为偏差，在不同的情绪作用下，这种认知和行为上的偏差会导致石油市场中非理性行为的出现。加之市场中的套利存在风险和成本，使理性投资者通过套利来校正由于非理性行为导致的价格偏离也已不再具有吸引力，因此，价格持续偏离基本价值，进一步表现为市场“异象”。基于此分析，本章的目的是考察石油市场中持不同交易策略主体的市场行为对油价产生的影响，以及市场基本面与投机需求在石油期货价格水平和波动程度上的相对重要性。首先，提出基于噪声交易的石油期货市场异质性主体的理论模型，通过对理论模型的研究，发现石油市场是存在着一个多重均衡。一方面，如果基本面波动增强、未来石油需求不确定性增大以及石油价格偏离基本面或者历史价格趋势程度小，那么只有商业交易者进入市场。另一方面，如果石油现货价格发生不可预测的冲击，或者未来石油需求不确定性下降，那么非商业交易者将进入市场。随后，选取 1992 年 1 月至 2011 年 10 月的数据，利用时变转移概率马尔科夫转移模型实证检验了理论模型的结论。实证检验结果发现，在 2004 年以前，石油市场的基本面因素可以很好地解释石油期货价格波动情形，但是，自 2004 年以后，石油市场中的状态转移变得更加频繁，特别是趋势追逐状态占据了主导地位。

第7章 行为视角下原油期货价格波动性研究

中国需要什么，国际市场就涨什么，已经成为国内经济界的一种共识。作为全球诸多大宗商品的消费大国，中国在大宗商品市场处境被动。因此，近几年中国已着手从国家战略高度和实体经济角度，推进国内大宗商品期货金融衍生品发展，以争取国际大宗商品定价权。为此，我们需要通过深刻认识现已成熟的国际商品期货市场的本源，分析期货价格的形成及影响因素，更好地为商品期货金融衍生品的发展服务。国际大宗商品主要划分为能源商品、农林商品和金属商品，本章选取最具有代表性的原油期货为研究对象，分析期货市场不同交易者行为对国际石油期货价格的影响。

7.1　原油期货市场不同参与者行为的假设

由于期货市场自身的特殊性，本章旨在通过考察原油期货市场中套利者、套期保值者和期货投机者的市场交易行为与原油期货价格的长期以及动态关系，分析不同交易主体是否能够有效解释原油期货价格的变化。本章对原油期货市场不同参与者行为对原油期货价格影响的研究基于以下三个假设：第一个假设，Fama（1970）提出的有效市场假说（efficient market hypothesis），认为投资者都是理性的，市场对信息的反应是有效率的；第二个假设，Working（1942）提出的持有成本假说（cost - of - carry hypothesis），认为期货价格和现货价格的价差即为持有成本决定了期货均衡价格，持有成本由融资利息和仓储费用组成；第三个假设，Samuelson（1965）提出的到期效果假设（maturity effect hypothesis），认为离到期日较久的期货合约受到市场影响机会也较大，故单一事件对其价格变动的影响相对较小，而离到期日较近的期货合约对市场影响有较为强烈的反应。

在以上假设的基础上，本章从以下两点扩展了对原油期货价格的考察：第一，基于期货市场出清时，各类交易者最终的期货合约超额总需求应为零的条件，建立包含套利、套期保值和期货投机交易行为的原油期货价格模型。第二，采用 FMOLS 估计、Phillips 和 Ouliaris（1990）的残差单位根检验法（Residual Based Unit Root Test），避免了非平稳序列回归中可能产生的“伪回归”问题，同时能降低有效样本偏差，简化统计推断程序。我们认为这有助于在期货价格水平和套利、套期保值、期货投机关系上得出较为全面而稳健的结论。

本章结构安排如下：首先，分析原油期货市场结构，基于不同市场参与者与期货合约超额需求的关系而建立经济模型；其次，针对理论模型导出的计量方程，以 NYMEX 的 WTI 原油期货合约为例，运用 FMOLS 对协整方程系数进行估计，并 Phillips - Ouliaris 残差单位根检验进行协整关系检验，分析原油期货价格与套利、套期保值和期货投机之间动态关系的经验结果；最后是总结性评论。

7.2 原油期货市场中交易者行为与期货价格：理论模型

期货合约价格由交易主体对市场合约需求量和供给量共同决定。商品期货市场与一般商品市场和金融资产市场不同，在期货市场中不存在最初的合约供给水平，因此，期货合约的总供给应该为零，期货合约的总需求也应为零（Duffie，1989）。我们利用期货市场自身的特殊性，建立一个包含套期保值者、套利者和期货投机者的商品期货价格理论模型，依据期货市场出清时，期货合约总需求为零的条件得到相应的期货价格。

首先，对于市场中的套利者而言，他们在一个市场以低价买入一种原油资产，同时在另一个市场以较高的价格卖出，以赚取两者的差价。套利机会最终将在原油现货和期货市场的价格恢复到平衡状态时消失，此时存在理论上的期货均衡价格，记为 $\bar{F}_t^T$。那么，套利者在

t 时对原油期货合约的超额需求 Q_t^a，就是期货均衡价格 $\bar{F}_t^T$ 与期货合约交割价格 F_t^T 之差的函数：

$$Q_t^a = \alpha(\bar{F}_t^T - F_t^T),\alpha > 0 \tag{7.1}$$

如果 $\bar{F}_t^T > F_t^T$，对套利者来说，期货合约存在超额需求，可以通过在 t 时刻卖出现货的同时，买入在 T 时刻交割的期货合约获利。反之，套利者将卖出期货合约，出现原油期货合约的超额供给。

其次，对于市场中的套期保值者而言，他们同时参与原油现货市场和期货市场的交易。通过对未来现货价格的预期（E_tS_T）与原油期货合约价格（F_t^T）之间差异的判断，进行套期保值交易。那么，套期保值者在 t 时对原油期货合约的超额需求 Q_t^h 可以表示为：

$$Q_t^h = \beta(E_tS_T - F_t^T),\beta > 0 \tag{7.2}$$

其中，E_tS_T 为套期保值者在 t 时对 T 时的原油现货价格的预期，E_t 为基于 t 时刻信息的期望算子。

对于买入期货合约的多头套期保值者而言，如果他们进行规避风险的套期保值交易，就必须承受一定的对冲成本，其对冲成本的预期是由期货价格与现货价格预期之间的差异决定的，即 $F_t^T - E_tS_T$。成本损失预期越小，对原油期货合约的需求就越大。与此相反，卖出套保者的对冲成本预期则为：$E_tS_T - F_t^T$。因为卖出套保者是期货合约的供给者，因此，当对冲成本预期上升时，期货合约供给将下降。

最后，对于期货投机者而言，他们不进行现货交易，只是利用期货合约价格的频繁波动进行买空卖空的交易活动，以期在价格波动中获利。因此，当 T = t + 1 时，市场仅存在一种在 t + 1 时交割的期货合约，期货投机者还无法进行交易，市场的参与者只有套利者和套期保值者。此时，套期保值交易的期货合约超额需求与套利交易的期货合约超额需求总和为零时，期货市场出清。

$$Q_t^a + Q_t^h = 0 \tag{7.3}$$

即，

$$\alpha_1(\bar{F}_t^{t+1} - F_t^{t+1}) + \beta_1(E_t S_{t+1} - F_t^{t+1}) = 0 \tag{7.4}$$

因此，可以得到当 $T = t + 1$ 时的期货价格：

$$F_t^{t+1} = \left(\frac{\alpha_1}{\alpha_1 + \beta_1}\right)\bar{F}_t^{t+1} + \left(\frac{\beta_1}{\alpha_1 + \beta_1}\right)E_t S_{t+1} \tag{7.5}$$

式（7.5）所表示的期货价格是由套利决定的期货均衡价格和现货价格预期的加权平均决定。

当 $T = t + 2$ 时，市场同时存在 $t + 1$ 和 $t + 2$ 时交割的两种期货合约，此时期货投机者可以进行交易。那么，期货投机者在 t 时对期货合约超额需求为：

$$Q_t^s = \gamma_{21}(E_t F_{t+1}^{t+2} - F_t^{t+2}), \gamma_{21} > 0 \tag{7.6}$$

其中，$E_t F_{t+1}^{t+2}$表示对 $t + 1$ 时到 $t + 2$ 时交割的期货合约的价格预期，F_t^{t+2} 为 t 时约定在 $t + 2$ 时交割的期货合约价格。

因此，当套期保值交易、套利交易以及期货投机交易的期货合约超额需求总和为零时，期货市场出清：

$$Q_t^a + Q_t^h + Q_t^s = 0 \tag{7.7}$$

此时期货价格为：

$$F_t^{t+2} = \left(\frac{\alpha_2}{\alpha_2 + \beta_2 + \gamma_{21}}\right)\bar{F}_t^{t+2} + \left(\frac{\beta_2}{\alpha_2 + \beta_2 + \gamma_{21}}\right)E_t S_{t+2} + \left(\frac{\gamma_{21}}{\alpha_2 + \beta_2 + \gamma_{21}}\right)E_t F_{t+1}^{t+2} \tag{7.8}$$

当 $T = t + 3$ 时，又增加一种月份的交割的期货合约。期货投机者可以基于对从 $t + 2$ 时到 $t + 3$ 时交割的期货价格预期 $E_t F_{t+2}^{t+3}$，以及从 $t + 1$ 时到 $t + 3$ 时交割的两期的期货价格预期 $E_t F_{t+1}^{t+3}$，采取更为灵活的期货交易策略。那么，期货投机者在 t 时的期货合约超额需求为：

$$Q_t^s = \gamma_{31}(E_t F_{t+2}^{t+3} - F_t^{t+3}) + \gamma_{32}(E_t F_{t+1}^{t+3} - F_t^{t+3}), \gamma_{31} > 0, \gamma_{32} > 0 \tag{7.9}$$

期货市场出清时的期货价格为：

$$F_t^{t+3} = \left(\frac{\alpha_3}{\alpha_3 + \beta_3 + \gamma_{31} + \gamma_{32}}\right)\bar{F}_t^{t+3} + \left(\frac{\beta_3}{\alpha_3 + \beta_3 + \gamma_{31} + \gamma_{32}}\right)E_t S_{t+3}$$

$$+\left(\frac{\gamma_{31}}{\alpha_3+\beta_3+\gamma_{31}+\gamma_{32}}\right)E_tF_{t+2}^{t+3}+\left(\frac{\gamma_{32}}{\alpha_3+\beta_3+\gamma_{31}+\gamma_{32}}\right)E_tF_{t+1}^{t+3} \tag{7.10}$$

其中，γ_{31}表示基于 1 期的期货价格预期时，期货投机交易对期货价格形成的影响；γ_{32}表示基于 2 期的期货价格时，期货投机交易对期货价格形成的影响。

通过上述分析，我们可以将期货价格推广到 T = t + n 的情形，期货价格的方程为：

$$F_t^{t+n}=\left(\frac{\alpha_n}{\alpha_n+\beta_n+\sum_{i=1}^{n-1}\gamma_{ni}}\right)\bar{F}_t^{t+n}+\left(\frac{\beta_n}{\alpha_n+\beta_n+\sum_{i=1}^{n-1}\gamma_{ni}}\right)E_tS_{t+n}$$

$$+\sum_{i=1}^{n-1}\left(\frac{\gamma_{ni}}{\alpha_n+\beta_n+\sum_{i=1}^{n-1}\gamma_{ni}}\right)E_tF_{t+n-i}^{t+n} \tag{7.11}$$

其中，γ_{ni}为不同时期的期货投机交易对期货价格的影响。

将其简化为：

$$F_t^{t+n}=a+b\bar{F}_t^{t+n}+cE_tS_{t+n}+\sum_{i=1}^{n-1}d_iE_tF_{t+n-i}^{t+n}+\varepsilon_t \tag{7.12}$$

其中，系数 b，c，d_i 分别表示套利交易、套期保值交易的现货价格预期，以及不同时期的期货投机交易对期货价格的相对作用，系数值越大表明其在期货价格决定中的作用越大。

7.3　不同交易者行为对原油期货价格的影响：实证分析

7.3.1　数据选取及处理方法

通过上述理论模型可知，套期保值交易、套利交易以及期货投机交易行为与期货价格紧密相关。为了估计原油期货市场不同参与者交易行为的实际影响程度，我们将对理论模型导出的结构化方程进行实证估计。本章选取美国能源信息署（EIA）公布的美国纽约商业交易所（NYMEX）1994 年 1 月至 2013 年 10 月的四种不同交割月份的 WTI 原油期货合约作为期货价格时间序列。四种不同交割期货合约分别为：1 月合约，2 月合约，3 月合约，4 月合约。目的是检验模型（7.12）不同市场参与者行为对 1 月至 4 月交割的 WTI 原油期货价格的影响。但模型右侧的变量均无法直接观测，所以必须通过一定的变换方法获取所需数据。

就期货均衡价格 $\bar{F}_t^{t+n}$ 而言，可以根据经持有成本调整后的现货价格来衡量。持有成本包含两个部分：金融持有成本，反映资金成本或者机会成本；实际持有成本，反映储存、保险和损耗等。金融持有成本用欧洲美元利率计算，实际持有成本由通货膨胀率决定。因此，套利期货价格为：

$$\bar{F}_t^{t+n} = S_t \exp[(r_t + \pi_t)(T - t)] \tag{7.13}$$

其中，r 为 1 月欧洲美元利率，π 为 OECD 经济体的通货膨胀率，根据消费者物价指数计算整理得到。数据均来自 OECD Databases。

就预期变量而言，可以通过以下预期形成机制得到：

$$S_{t+n} = E_t S_{t+n} + \mu_{t+n} \tag{7.14}$$

$$F_{t+i}^{t+n} = E_t F_{t+i}^{t+n} + \nu_{t+i} \tag{7.15}$$

其中，$\mu_{t+n} \sim I(0), \nu_{t+i} \sim I(0)$。

因此，式（7.12）可以写为：

$$F_t^{t+n} = a + b\bar{F}_t^{t+n} + cS_{t+n} + \sum_{i=1}^{n-1} d_i F_{t+n-i}^{t+n} + \omega_t \tag{7.16}$$

其中，$\omega_t = \varepsilon_t - c\mu_{t+n} - \sum_{i=1}^{n-1} d_i \nu_{t+i}$，因为 $\mu_{t+n} \sim I(0), \nu_{t+i} \sim I(0)$，故 $\omega_t \sim I(0)$。

当 $T = t + 4$ 时，d_1，d_2，d_3 分别表示期货投机对 1 月、2 月、3 月交割的期货合约价格的影响程度。

7.3.2 实证方法选择

Stock（1987）认为，如果非平稳变量之间存在协整关系，则利用 OLS 回归可以得到协整参数的超一致（sup - erconsistent）估计量。这使协整关系的估计更为简单，但这种方法存在两个缺点：首先，即使 OLS 的估计量是超一致的，但忽略了短期动态可能导致较大的有限样本偏差；其次，OLS 估计量的渐近分布通常是非标准的，会受到噪声参数的影响，从而导致常用的检验程序无效。为了解决这些问题，Phillips 和 Hansen（1991）则建议对 OLS 估计量进行非参数修正，即 FMOLS 估计。与静态 OLS 估计量相比，FMOLS 估计理论上降低了有限样本偏差，且估计量渐近服从混合高斯分布，从而可以简化协整参数的统计推断程序。本章通过 Phillips - Ouliaris 检验（Phillips and Ouliaris，1990）判断回归的残差序列是否平稳，进而确定回归方程的变量之间是否存在协整关系。如果残差序列是平稳的，则模型设定是合理的，回归方程的因变量和自变量之间存在稳定的均衡关系；反之，说明回归方程的因变量和自变量之间不存在稳定均衡的关系，即便参数估计的结果很理想，这种回归也是没有意义的。

（1）单位根检验。

由于只有具有相同单整阶数的时间序列才可能存在协整关系，因此，首先必须对时间序列进行单位根检验，即检验时间序列的平稳性。对模型（7.16）中所需变量进行 ADF 检验，判断每个序列是否为 I（1）。关于 ADF 检验中滞后阶数的选取，在简约前提下，以消除残差的序列相关为准。

表 7.1 是用 1994 年 1 月至 2013 年 10 月的 1 个月、2 个月、3 个月、4 个月的 WTI 原油期货合约价格，理论期货均衡价格以及 WTI 原油现货价格预期来做 ADF 检验的结果。

表 7.1　　单位根检验结果

原序列	t统计量	差分序列	t统计量	原序列	t统计量	差分序列	t统计量	原序列	t统计量	差分序列	t统计量
$F_t^{(1)}$	-1.5725	$dF_t^{(1)}$	-9.7842	S_{t+1}	-1.2978	dS_{t+1}	-9.7206	$\bar{F}_t^{t+1}$	-1.7129	$d\bar{F}_t^{t+1}$	-9.6757
$F_t^{(2)}$	-1.5439	$dF_t^{(2)}$	-9.4996	S_{t+2}	-1.3743	dS_{t+2}	-9.9352	$\bar{F}_t^{t+2}$	-1.8520	$d\bar{F}_t^{t+2}$	-9.5210
$F_t^{(3)}$	-1.5267	$dF_t^{(3)}$	-9.3228	S_{t+3}	-1.3421	dS_{t+3}	-9.9327	$\bar{F}_t^{t+3}$	-1.9881	$d\bar{F}_t^{t+3}$	-9.4081
$F_t^{(4)}$	-1.5112	$dF_t^{(4)}$	-9.1948	S_{t+4}	-1.3129	dS_{t+4}	-9.9313	$\bar{F}_t^{t+4}$	-2.1191	$d\bar{F}_t^{t+4}$	-9.3359

当样本容量为226时，单位根原假设的临界值判断，结果显示上述原序列右侧水平值系数的t统计量均落在临界值右侧，故认为五个序列都是单位根过程。将每个序列一阶差分后，再次进行同样程序的ADF检验表明，差分后的序列都不再含有单位根。检验结果说明上述序列具有相同的单整阶数——均为I(1)过程。

（2）协整分析。

既然确定了期货合约价格 F_t^T、期货均衡价格 $\bar{F}_t^T$、现货价格预期 E_tS_{t+n} 的序列均为I(1)，下一步的任务是检验模型（7.16）是否存有协整或者说长期均衡关系。

将模型（7.16）简化为协整方程：

$$X_{1t} = BX_{2t} + u_{1t} \tag{7.17}$$

当 $n=1$ 时，协整方程中 $X_{1t}=F_t^{t+1}$，$B=(a,\ b,\ c)$ 为 1×3 阶协整参数矩阵，$X_{2t}=(1,\ \bar{F}_t^{t+1},\ S_{t+1})'$ 为 3×1 阶矩阵。

当 $n=2$ 时，协整方程中 $X_{1t}=F_t^{t+2}$，$B=(a,\ b,\ c,\ d_1)$ 为 1×4 阶协整参数矩阵，$X_{2t}=(1,\ \bar{F}_t^{t+2},\ S_{t+2},\ F_t^{t+1})'$ 为 4×1 阶矩阵。

当 $n=3$ 时，协整方程中 $X_{1t}=F_t^{t+3}$，$B=(a,\ b,\ c,\ d_1,\ d_2)$ 为 1×5 阶协整参数矩阵，$X_{2t}=(1,\ \bar{F}_t^{t+3},\ S_{t+3},\ F_t^{t+1},\ F_t^{t+2})'$ 为 5×1 阶矩阵。

当 $n=4$ 时，协整方程中 $X_{1t}=F_t^{t+4}$，$B=(a,\ b,\ c,\ d_1,\ d_2,\ d_3)$

为 1×6 阶协整参数矩阵，$X_{2t}=(1,\ \bar{F}_t^{t+3},\ S_{t+4},\ F_t^{t+1},\ F_t^{t+2},\ F_t^{t+3})'$ 为 6×1 阶矩阵。

令 u_{2t} 为自变量的一阶差分运算因子（first - difference operator），则有：

$$\Delta X_{2t}=u_{2t} \tag{7.18}$$

运用最小二乘估计需要构建一个长期的协方差矩阵，但通常普通最小二乘法估计的协方差矩阵往往会发生有偏的现象。Park 和 Phillips（1988）指出，关于参数向量的渐进分布实际上取决于相关综合误差向量 $\xi_t=(u'_{1t},\ u'_{2t})'$ 的长期协方差矩阵。在样本容量为 T 时，不失一般性地假设 $\{\xi_t\}$ 为零均值的弱平稳过程，其长期协方差矩阵 Ω 为：

$$\Omega=\lim_{T\to\infty}T^{-1}\sum_{t=1}^{T}\sum_{j=1}^{T}E(\xi_t\xi'_s)=E(\xi_0\xi'_0)+\sum_{t=1}^{\infty}E(\xi_0\xi'_t)+\sum_{t=1}^{\infty}E(\xi_t\xi'_0) \tag{7.19}$$

Phillips 和 Durlauf（1986）提出，对于弱平稳过程 $\{\xi_t\}$ 满足一定的弱收敛条件时，其累加和弱收敛于协方差矩阵为 Ω 的向量维纳过程。基于 $\xi_t=(u'_{1t},u'_{2t})'$ 的结构，长期协方差矩阵 Ω 也可分块表示为：$\Omega=\begin{bmatrix}\Omega_{11} & \Omega_{12}\\ \Omega_{21} & \Omega_{22}\end{bmatrix}$，$\Omega_{12}=\Omega'_{21}$。对协整方程（7.17）进行简单 OLS 估计得到的参数矩阵 B 的超一致估计 $T(\hat{B}-B)$，但 OLS 估计量 $\hat{B}$ 的渐近分布是非标准的。

为得到服从标准分布的协整参数估计量，Phillips 和 Hansen（1990）对普通最小二乘法进行了充分调整，改进后的方法引入了非参数修正，消除噪声参数对统计量渐近分布的影响，使作为结果的干扰项在长期中与一阶差分因子不相关。调整后的因变量可以表示为 $(\hat{F}_t^{t+n})^+=F_t^{t+n}-\hat{\Omega}_{12}\hat{\Omega}_{22}^{-1}\Delta X_{2t}$，对应的扰动项可以变换为 $(\hat{u}_{1t})^+=u_{1t}-\hat{\Omega}_{12}\hat{\Omega}_{22}^{-1}\Delta X_{2t}$。

其中，当 n = 1 时，$\Delta X_{2t} = (0, \Delta\bar{F}_t^{t+1}, \Delta S_{t+1})'$；

当 n = 2 时，$\Delta X_{2t} = (0, \Delta\bar{F}_t^{t+2}, \Delta S_{t+2}, \Delta F_t^{t+1})'$；

当 n = 3 时，$\Delta X_{2t} = (0, \Delta\bar{F}_t^{t+3}, \Delta S_{t+3}, \Delta F_t^{t+1}, \Delta F_t^{t+2})'$；

当 n = 4 时，$\Delta X_{2t} = (0, \Delta\bar{F}_t^{t+4}, \Delta S_{t+4}, \Delta F_t^{t+1}, \Delta F_t^{t+2}, \Delta F_t^{t+3})'$。

因此，协整回归模型（7.17）转化为：

$$\hat{X}_{1t}^{+} = BX_{2t} + (\hat{u}_{1t})^{+} \tag{7.20}$$

对模型（7.20）进行回归分析，得到协整参数矩阵 B 的 FMOLS 估计量 $\hat{B}^{+}$。FMOLS 估计量不仅可以降低协整参数的估计偏差，而且渐近服从混合高斯分布，从而能够利用标准检验程序对参数进行统计推断。

然后，我们需要通过判断回归的残差序列是否平稳，进而确定回归方程的变量之间是否存在协整关系。如果残差序列是平稳的，则模型设定是合理的，回归方程的因变量和自变量之间存在稳定的均衡关系；反之，说明回归方程的因变量和自变量之间不存在稳定均衡的关系，即便参数估计的结果很理想，这种回归也是没有意义的。

相较于 Engle – Granger 检验（Engle and Granger，1987）采用参数 ADF 方法，Phillips – Ouliaris 检验则采用非参数 Phillips – Perron（PP）方法。Engle – Granger 检验对回归模型的结构变化很敏感，在小样本下，参数估计误差较大，ADF 临界值需要进行修正。Phillips – Ouliaris 检验针对回归系数本身进行检验，在小样本下 $\hat{Z}_{\alpha}$，$\hat{Z}_{t}$ 检验具有更好的检验精度。

7.3.3 实证结果分析

表 7.2 给出了通过 FMOLS 估计得到的参数估计值，以及利用 Phillips – Ouliaris 残差单位根检验法得到 1 月至 4 月交割的期货合约

价格的协整回归检验和系数约束检验的结果。基于 $\hat{Z}_\alpha$ 和 $\hat{Z}_t$ 统计量以判断模型（7.16）的回归残差是否平稳，进而确定是否存在协整关系。并且对受约束条件：a = 0，b = 1 进行检验。

表 7.2　　　　协整检验与系数约束检验

因变量	F_t^{t+1}	F_t^{t+2}	F_t^{t+3}	F_t^{t+4}
a	-0.0993*** (0.0341)	-0.1801* (0.1365)	-0.0506* (0.0332)	-0.0196** (0.0114)
b	0.991861*** (0.0041)	-1.9098*** (0.2483)	-0.0963** (0.0563)	-0.0045* (0.0178)
c	-0.0015* (0.0042)	0.0092* (0.0098)	-0.0048*** (0.0018)	-0.0001* (0.0005)
d_1		2.9568*** (0.2543)	-0.6358*** (0.0757)	0.3325*** (0.3156)
d_2			1.7412*** (0.0262)	-1.5337*** (0.0595)
d_3				2.2060*** (0.0348)
R^2	0.9999	0.9994	0.9999	0.9999
$\hat{Z}_\alpha$	-136.5863	-62.3149	-137.0092	-223.8108
$\hat{Z}_t$	-9.6578	-5.9761	-9.6863	-13.4228
Wald（a = 0）	0	0	0.0885	0.8022
Wald（b = 1）	0	0	0	0

注：括号内为参数估计的标准差，*、**、*** 分别表示在 10%、5%、1% 的置信度水平下显著。

根据 Phillips 和 Ouliaris（1990）报告的 $\hat{Z}_\alpha$ 和 $\hat{Z}_t$ 临界值，对表 7.2 中 $\hat{Z}_\alpha$ 和 $\hat{Z}_t$ 统计量的判断，在 99% 置信水平上拒绝不存在协整关系的原假设，即所有方程均拒绝了变量间不存在协整关系的原假设。

通过对系数 a = 0 约束条件进行 Wald 系数约束检验，3 个月期货合约协整方程和 4 个月期货合约协整方程中 P 值分别为 0.1885 和

0.8022，不能拒绝 a=0 的约束条件，而 1 个月和 2 个月期货合约协整方程均拒绝 a=0 的约束条件。对于系数约束：b=1，四种期货合约价格的协整方程均拒绝此系数约束条件。

通过对表 7.2 结果分析可知，对于套利交易而言，当市场中还没有期货投机者参与时，期货合约价格几乎由套利价格决定。但当期货投机者参与市场交易时，套利价格与实际期货合约价格存在反向关系，套利行为在一定程度上会使期货价格下降，有助于将扭曲的市场价格重新拉回来至正常水平。但随着原油期货合约种类增长，套利交易对期货价格的影响逐渐下降，如表 7.2 所示，当市场同时存在 1 月、2 月、3 月、4 月原油期货合约时，套利交易对原油期货价格的影响仅为 -0.0045。就原油现货价格预期而言，其对原油期货价格的作用非常小。这在一定程度上说明了套期保值交易对于原油期货价格的决定作用较小。因为，套期保值交易主要是通过对未来现货价格的预期，利用期货市场规避或转移现货价格涨跌带来风险。

系数 d_1、d_2、d_3 分别表示自变量 1 月、2 月、3 月原油期货合约价格在协整回归中的相对重要性，反映了期货投机行为对原油期货价格的影响相对程度。根据表 7.2 显示的结果，对于原油期货价格而言，受到与其邻近的期货合约价格影响最大。

7.4 本章小结

一般认为期货市场的基本功能是价格发现和风险规避，为交易者提供准确的价格信号。但是近几年原油期货市场的表现让人不禁质疑这种说法的准确性。本章基于原油期货市场中套利者、套期保值者和期货投机者的不同交易行为，结合商品期货市场特征，建立一个原油期货价格决定模型，并实证估计了各类不同市场参与者行为对 WTI 原油期货合约价格的影响。综合理论和实证结果可知，原油期货投机对期货价格的决定作用远大于套利交易和套期保值交易，未来现货价格预期对期货价格的影响也非常小。

由此可知，不同的交易主体在原油期货市场上的交易目的不同，持有的期货合约规模和期限也不同，对原油期货价格的影响也不同，他们相互之间的交易行为对油价的形成起到至关重要的作用。就石油市场而言，参与者可分为商业交易者和非商业交易者。商业交易者往往就是套期保值者，实际参与石油相关业务的商业机构，他们涉及石油的供应、消费以及储存，他们的交易目的主要是通过持有原油期货来规避通货膨胀等经济风险，主要买入近期合约，并在交割月临近时将持仓移至较远的月份合约，其收益来源于长期持仓及合理的期限结构。作为套期保值者的主要交易对手，非商业交易者则不涉及实际石油相关业务。他们对实物不感兴趣，交易策略更为积极，主动调整投资策略，在市场多头和空头之间频繁转换原油期货合约获利。尤其是，近年来，商品指数基金作为石油期货市场中的一种新型参与者，它们进入期货市场的方式往往是通过大型投资银行的互换协议，它们只做多头不做空头，并且长期持有石油期货合约。在期货合约快到期时，商品指数基金转换头寸以保持长期持有。因而，原油期货投机也并不如想象中的那样可以减少套期保值者的市场风险，甚至会加大市场上原油价格波动的风险。

第8章　国际石油市场金融化下的中国燃料油市场

近年来，全球大宗商品价格波动剧烈，尤其是国际原油价格巨幅波动，促使越来越多的国家政府认识到利用期货市场进行风险管理的重要性。中国作为仅次于美国的石油进口国与消费国，在国际石油市场中的地位与其影响力不相匹配，因此，为了维护中国政治经济安全，需要继续角逐“国际石油定价中心”的位置，谋求一定的石油定价权。

为了规避石油价格波动风险对经济的影响，逐步建立国际石油市场中的话语权，中国在 2004 年推出了首个原油期货合约品种——上海燃料油期货合约。经历 8 年的历程，上海燃料油期货逐渐走向成熟，与现货市场的联系也日趋紧密。建立上海燃料油期货市场的目的是真实反映中国燃料油市场的变化情况，正确引导国内燃料油现货市场的价格走势，并将这种情况反映在国际燃料油市场上，以达到争取在国际石油市场话语权的目的。

因此，深入研究中国燃料油市场的现状，尤其是上海燃料油期货市场的情况，以便分析上海燃料油期货合约的实用性、交易程度、市场参与者结构以及市场风险控制，完善燃料油期货市场的相关监管机制是非常必要的。

本章首先对目前中国燃料油现货市场和期货市场进行考察。然后，针对上海燃料油期货交易规模不断扩大和市场辐射力不断增强的情况下，考察上海燃料油期货市场运行效率，以及期货价格是否能准确反映市场信息，结果表明目前的上海燃料油期货还不满足弱式有效市场。接下来，从行为金融学的视角科学地分析上海燃料油期货市场存在的行为范式，并试图对燃料油期货市场的潜在风险和风险监管进行探讨。

8.1　燃料油现货和期货市场

中国石油市场相对垄断，成品油价格受到政府管制，相对而言，燃料油市场是一个自由交易市场。在此基础上，2001 年正式放开燃料油价格，燃料油的流通和价格完全由市场调节。2004 年 1 月取消了燃料油进口配额，实行进口自动许可管理，国内燃料油市场和国际市场基本接轨，产品国际化程度较高。2004 年 8 月 25 日，中国首只能源商品期货——燃料油期货在上海期货交易所上市。

8.1.1 全球燃料油市场

燃料油是由石油的裂化残渣油和直馏残渣油制成的棕黑色粘稠重质石油产品，主要由原油蒸馏、热裂化等过程所得的渣油制得，或者由页岩油加工和煤液化等获得。按照不同的准则，燃料油可以划分成很多种类：根据出厂时是否形成商品量，可以分为在出厂环节形成商品的燃料油和作为炼油厂生产的原料或燃料未形成商品的燃料油；根据用途，可以分为船用燃料油和内燃机燃料油；根据加工工艺流程，可以分为常压重油、减压重油、催化重油和混合重油。

国际上通常按 50℃时的运动粘度将燃料油分为 80CST、180CST 和 380CST 三大类。上海期货交易所的燃料油期货的交割基准品是采用国际燃料油丁家基准油——船用 180CST 高硫燃料油，据《BP 能源统计年鉴》估计该品种占全球燃料油总量的 50% 以上。

燃料油作为石油加工过程中的最后一道产品，产品价值量一般较低。在 20 世纪的石油价格低廉时代，燃料油曾一度成为发达国家消费量最大的石油产品。但经历两次石油危机后，发达国家的能源结构进行了调整，具有可替代性的燃料油成为能源结构调整的主要目标。自 1973 年以后，以美国、日本为代表的发达国家的燃料油消费量开始显著下降。20 世纪 80 年代，国际石油市场处于相对稳定期，油价的变化较平稳，在发达国家的消费量仍持续下降的同时，亚太地区由于经济增长需要，燃料油消费量开始逐年增加。

如表 8.1 所示，综合来看，近几年，全球燃料油市场处于相对供过于求的状态。2003 年全球燃料油供应过剩高达 4681 万吨，随后几年，在燃料油需求保持平稳的情况下，供应量持续下降，供需缺口有所缩小。

表 8.1　　**全球燃料油供需状况**　　单位：万吨

年份	2003	2004	2005	2006	2007	2011
供给	60432	61050	58940	57948	58175	57495
需求	55751	56523	58095	57961	58166	57390
供需差额	4681	4527	845	-13	9	105

资料来源：2003 ~ 2011 年《BP 世界能源统计年鉴》。

从地区分布来看，亚洲和北美地区的燃料油需求缺口依然较大，西欧由于需求下降较快，缺口逐渐减小。东欧、中南美洲和中东地区仍存在较大的燃料油供给过剩。如图 8.1 所示，2008 年除东欧地区的燃料油供应增加外，其他地区均不同程度下降。亚洲地区的需求小幅增长，北美和西欧地区的需求量则小幅下降。亚洲仍然是燃料油供应缺口最大的地区，也是燃料油交易最为活跃的地区。

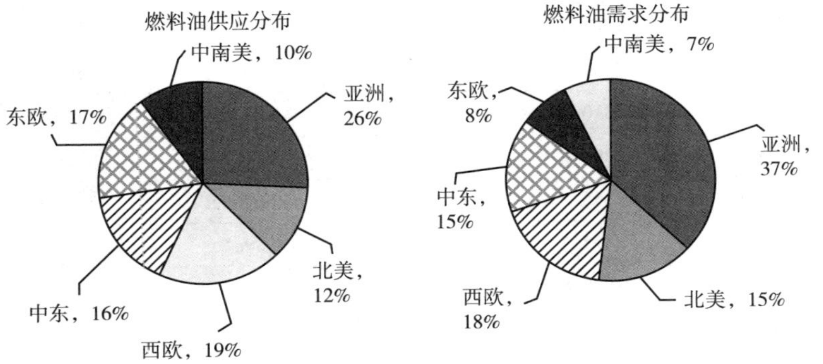

图 8.1　2008 年全球燃料油供应与需求分布情况

资料来源：《BP 世界能源统计年鉴 2008》。

8.1.2　中国燃料油现货市场

燃料油是目前中国石油及石油产品中市场化程度最高的一个品

种。在燃料油供应量中，国内资源和进口资源各占约50%。如表8.2所示，中国燃料油供应的一半依赖进口，2004年中国燃料油进口突破3000万吨，随着国内消费量减少，进口依赖有所下降。中国燃料油产量没有显著增长，甚至在2008年和2009年持续下降，2011年燃料油的产量为1868.8万吨，同比下降2.1%。国内产量的不稳定，一方面是由于国内燃料油主要由中国石油和中国石化两大集团公司生产，地方炼厂生产相对较少；另一方面，炼油厂为了实现经济效益最大化，提高轻油收率，在加工过程中一直采用深拔、掺渣等工艺导致渣油和燃料油的产量减少。

表8.2　2001~2011年中国燃料油供需平衡表　单位：万吨

年份	产量	进口	出口	表观消费
2001	1840.97	1823.58	44.11	3620.44
2002	1847.62	1675	61.22	3442.6
2003	2004.81	2378.94	74.71	4309.04
2004	2121.2	3053.9	180	4995.1
2005	2261.2	2601.3	228.5	4634
2006	2264.7	2793.2	256.7	4801.7
2007	2310	2411.61	278.03	4343.58
2008	2292.9	2160.1	724.58	3728.4
2009	1856.7	2400.35	862.45	3394.6
2010	2115.4	2301.4	989.5	3427.3
2011	1868.8	2675.0	1233.9	3309.9

资料来源：《中国统计年鉴》。

根据海关总署2003~2010年的燃料油进口数据，目前燃料油已成为中国除原油以外进口量最大的石油产品。对燃料油的进口依存度越来越高，归根结底是由于中国沿海地区经济高速发展与国内燃料油产量不足的矛盾所造成的。2009年中国燃料油对外依存度较2008年同期上升近7个百分点，为45%。2010年燃料油关税增加了进口成本，使进口量受到影响，燃料油进口总量减少4.1%，至2301.4万吨，特别是华南地区燃料油进口量大幅下滑。2011 年，中国燃料油的进口量达 2675 万吨，同比增长 16.2%，燃料油的进口依存度达到 43.54%，与 2010 年相比增加 2.81 个百分点。

从目前中国进口燃料油品种来看，以中高硫燃料油为主，约占 80%，中低硫燃料油大约占 20%[①]。从燃料油进口来源地来看，传统的燃料油进口主要来自中国周边国家和东亚地区，如新加坡、韩国和俄罗斯。但近年来，中国的燃料油进口格局发生一定的改变，来自中国传统燃料油供应来源地的新加坡的进口燃料油数量有所减少，委内瑞拉成为中国最为重要的燃料油进口来源地，俄罗斯也以其质优价廉的燃料油产品在中国进口来源地中占据重要一席。2010 年，来自委内瑞拉、马来西亚、俄罗斯、韩国、新加坡的燃料油占中国燃料油进口总量的比例分别为 23%、19%、19%、12%、11%。从燃料油进口目的地来看，华南和华东是中国燃料油进口最主要的地区。2010 年，山东省以 1173.7 万吨和 51.0% 的市场占有率在燃料油进口地区中排名首位，其次是广东省的 431.9 万吨和 18.8% 的市场占有率，第三位是浙江的 11.8% 市场占有率。

在中国，燃料油作为工业燃料被广泛应用于各工业领域，燃料油消费主要方式是以燃烧加热为主，少量用于制气原料。在发电、交通运输、冶金、化工等行业应用广泛，主要消费地区集中在华南、华东地区，其中广东省占据非常重要的位置。2001 年中国燃料油表观消费量 3620.44 万吨，但 2003 年起中国燃料油的消费量快速增长，2004 年的燃料油消费量为 5000 万吨，2006 年后燃料油消费量又开始持续下降。2010 年燃料油产量占到表观消费量的比重达到 61.7%，同比增加 6.5 个百分点，进口量占表观消费量的比重则下滑至 67.1%。

2004 ~2011 年，由于国际油价高企以及加征燃油消费税等因素影响，国内燃料油消费结构发生了变化。2004 年，上海燃料油期货

① 根据海关总署数据整理得到。

合约标准品质量指标是针对电厂和锅炉等工业用户。2009 年年初开始施行的燃料油消费税新政以来，国内燃料油产量剧减。炼油厂偏向生产沥青、石油焦等产品，燃料油市场刚性需求持续不足。发电燃料油改气使燃料油成为受天然气冲击最严重的油品，市场需求大幅萎缩，燃料油现货市场的关注度下降。如图 8.2 所示，2010 年中国燃料油消费结构以炼油化工原料为主，交通船供需求为辅，化工和交通运输用油量占整体需求的 78%，电力燃料油消费仅占总消费量的 6%。

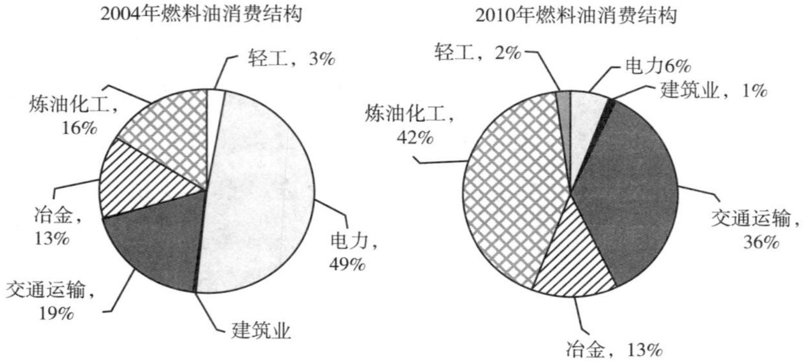

图 8.2　中国燃料油消费结构

资料来源：中经网数据库。

中国庞大的船用燃料油现货市场为燃料油期货市场的发展提供有力的支撑。中国的船供油市场主要包括内贸完税船供油市场和保税（油品免海关关税、增值税、消费税）船供油市场两类，其中保税船供油可视同燃料油出口。随着中国经济的快速发展，中国船供油市场的行业标准以及监管制度进一步完善，码头、油库、驳船等设施的改善，促使市场规模不断扩大。目前中国保税油船供油市场价格与周边市场价差在不断缩小，竞争力在不断提升。

相比于陆上燃料油需求，内贸船用油市场的增长较为迅速，2009 年船用燃料油消费约 1600 万吨，内贸船消费高达 800 万吨，保税船消费 800 万吨。2010 年船用燃料油消费约 1900 万吨，其中内贸船约 1000 万吨，保税船消费 900 万吨①。中国保税船供油市场从 2006 年以前的中燃垄断和丰厚的行业利润发展到竞争的白热化阶段，在 2011 年，保税船供油市场销量继续领先内贸船供油市场，且差距逐渐拉大。

进口燃料油的人民币成本计算一般按下列公式计算：

进口成本 = [（MOPS 价格 + 贴水）× 汇率 ×（1 + 关税税率）+ 消费税] ×（1 + 增值税率）+ 其他费用

其中，MOPS 价格是以提单日或装船日为基准；汇率按当天的外汇牌价计算；增值税 17%；贴水由买卖双方根据市场变化协商确定；关税税率 2011 年起为 1%；其他费用的种类较多，主要包含下列内容：进口代理费、港口费/码头费、仓储费、商检费、计驳费、卫生检查费、保险费、利息、城市建设费和教育附加费、防洪费等。在期货贸易中，进口代理费、港口费、仓储费、商检费等根据港口、油库等具体情况不同而有所差异。

由于亚洲没有成功的石油期货市场，中国燃料油进口是以普氏（PLATTS）新加坡的现货评估价格作为进口结算参考价，MOPS 价格反映的是新加坡市场燃料油的供需关系，但却决定着中国燃料油进口的成本。新加坡燃油商很容易在中国进口燃料油期间推高油价，如图 8.3 所示，在中国进口计价结束后油价往往呈现回落态势，这使中国的燃料油进口遭受一定损失。

8.1.3　中国燃料油期货市场

自 2004 年 8 月 25 日挂牌以来，上海燃料油期货交易历经 8 年。从上海燃料油期货市场在国际石油市场格局中的地位来看，中国的燃

---

① 根据中经网数据库提供的数据整理得到。

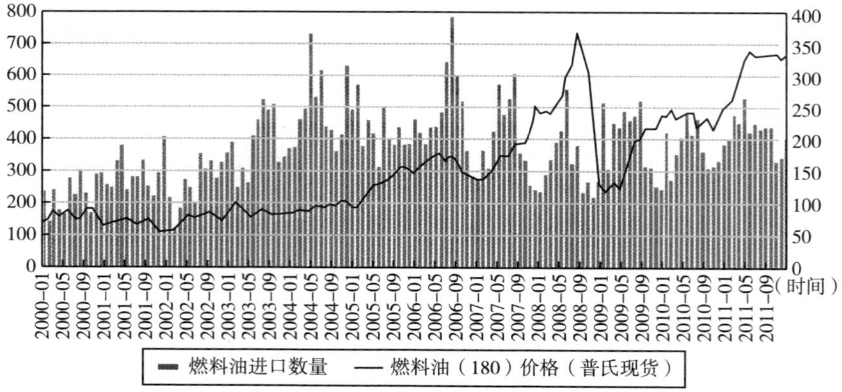

图 8.3 中国燃料油月度进口量与进口单价对比

资料来源：中经网数据库。

料油期货主要在广东交割，上海燃料油期货与黄埔燃料油现货市场关系最为紧密，新加坡又是中国传统的燃料油进口地区，因此，新加坡燃料油价格与上海燃料油期货价格和黄埔燃料油现货价格息息相关。迪拜原油价格及迪拜原油和燃料油之间的裂解价差是新加坡燃料油价格制定的依据，因此迪拜原油是与燃料油关系最为密切的原油品种。作为全球石油市场的风向标的美国 WTI 原油，其价格的波动会影响到迪拜原油价格，以至于影响到燃料油价格。

上海燃料油期货价格虽然与石油市场主流油价相关，但也具有其独特性，一方面，反映了国内客户对油价的看法；另一方面，受到国内现货市场的制约，上海燃料油期货价格更多的是反映中国燃料油市场供需状况。因此，其价格变动幅度较 WTI 原油和新加坡燃料油价格偏小，同时又与国内现货市场之间表现出一定程度的相关性。

与新加坡市场相比，上海燃料油市场更多地反映了国内石油市场需求状况。如果新加坡市场价格长期偏离上海燃料油期货价，将激励套利交易的发生，从而使上海燃料油期货市场与新加坡市场形成互动关系。与此同时，上海燃料油期货价格在大部分时间保持着对黄埔燃料油现货的贴水。自 2004 年挂牌以来，燃料油现货交易与期货交割之间存在差异，燃料油期货与黄埔高硫 180CST 的现货价值之间存在着差价。这些差异主要表现在油品的地理位置与质量上。燃料油现货交易中心在广东黄埔，而燃料油期货交割的油库在广东湛江，因此，现货交易的油品跟期货交割以后的油品存在地理位置上的差异。上海燃料油期货价格反映的是湛江提货的燃料油的价格，燃料油期货对现货的贴水反映的就是湛江与黄埔的燃料油价差。此外，由于上海交易所规定的指标数量较少，并未规定交割标的油品的来源地。而黄埔燃料油现货市场交易的燃料油主要以进口燃料油为主，因此，现货市场上交易的燃料油的质量就比期货交割的燃料油高，燃料油现货对期货存在一定程度的升水。

在上海燃料油期货市场建立之前，中国企业只能被动地接受新加坡的油品标准。新加坡燃料油标准是以船用油标准制定。在 2010 以前，中国燃料油主要用于电力，因此当时的上海燃料油期货合约是根据中国市场实际需求，将期货合约的交割等级选为 180CST 高硫燃料油，其质量标准高于新加坡燃料油标准。

从上海燃料油期货市场规模来看，月平均成交量在 1600 万 ~ 2000 万吨，相当于黄埔燃料油现货进口的 30 多倍，相当于全国燃料油月平均进口量的 9 倍①。并且，自 2009 年以来，燃料油期货交易规模进一步扩大。从上海燃料油期货市场结构来看，市场的参与者主要为中油燃料油公司等与石油相关的流通与消费企业，也不乏机构投资者和个人投资者的参与。但不可否认，目前上海燃料油期货市场上现货投资者参与度仍较低，只有小部分与石油现货相关的投资者在期货市场上进行操作。

评价上海燃料油期货市场运行的成功与否，重要的标准在于交易是否活跃，因为只有存在大量频繁的交易，才能发挥期货市场套期保值及价格发现功能。而期货市场交易活跃的先决条件是存在多元化的

① 根据 Wind 金融数据库提供的上海燃料油期货数据计算得到。

市场参与者以及市场化程度较高的现货市场。与2004年最高峰相比，中国的燃料油期货交易在2011年萎缩了70%～80%。与此同时，上海燃料油期货交割标准根据市场需求进行相应改革，燃料油期货各项指标由发电用油转变为以船供燃料油为主要对象，交易单位将由过去的10吨/手提高至50吨/手，交割单位从10手（100吨）修订为50吨。新燃料油合约扩大了交易单位并提升了交割品级，这些调整贴近现货市场实际。但从目前情况来看，上海燃料油期货成交状况不佳主要因为税费造成燃料油价格成本较高，品质较好的燃料油的市场份额不断压缩，以及目前中国内贸船供油有限的现货市场规模。

目前的上海燃料油期货市场尚未完全成熟，期货市场参与者结构不完善也导致市场流动性受限。世界上其他主要石油期货交易市场中，参与者除石油产业链上、中游的企业外，还存在大量的金融机构、专业投资机构、流动性投资商以及专业CTAs资金。石油相关的企业利用上海燃料油期货进行套期保值转移其可能遇到的价格风险的可行性不高。但是，燃料油期货上市以后，交易规模不断扩大，石油现货企业积极参与，市场影响力不断提高，客观上为上海燃料油期货市场的未来经济功能发挥奠定了坚实基础。上海燃料油期货开创了石油市场的“中国标准”和“中国定价”，为今后推动石油商业储备发展提供了风险管理平台。随着市场逐渐被认知，相关政策的逐步完善，上海燃料油期货市场将逐渐走向成熟，更加充分地发挥其价格发现与规避风险的功能，也将有利于中国参与亚太燃料油价格形成过程，有利于提供中国在亚太燃料油市场中的地位。

8.2 中国燃料油期货市场效率分析

根据市场有效性假设，有效市场是一个充分反映所有可获信息的市场。当期货市场是强式有效市场时，投资者试图从期货市场获取超额利润是不可能的；当期货市场是半强式有效市场时，投资者无法利用公开信息获取超额利润；当期货市场是弱式有效市场时，投资者将无法通过对历史价格数据的分析来预测未来价格走势以获取超额利润。

在众多有效性市场方面的研究中，衡量期货市场的有效性一般有两种方法：一种根据有效市场假说的定义，从期货价格的预测精度检验期货市场有效性；另一种根据期货市场中的价格发现功能的发挥来检验市场有效性。实证检验方法主要有随机游走检验和协整检验两类。随机游走检验是从期货价格的可以预测性角度检验市场的有效性，具体有序列相关性检验和游程检验；协整检验则是从期货市场的价格发现功能来检验市场有效性，包括单位根检验、协整检验和误差修正模型检验。本节主要针对上海期货交易所燃料油交易市场的有效性进行实证分析。假如上海燃料油市场满足有效市场假说中的弱式有效市场，我们可具体采取两种思路检验其有效性。首先，检验燃料油期货收益率的平稳性，如果收益率序列是平稳的，说明燃料油期货市场不存在异常的超额收益，能从另一个侧面证明了上海燃油油期货市场满足弱式有效市场。其次，根据有效市场假说中的“价格已经包含所以可获得的有用历史信息”，利用协整检验、误差修正模型，确定燃料油期货价格与现货价格的关系，从而证明上海燃料油期货市场是否满足有效性。

8.2.1　数据说明

上海燃料油市场是 2004 年 8 月 25 日正式启用，至今已有 8 年。本节选取时间跨度为 2004 年 8 月 25 日至 2009 年 4 月 1 日的上海燃料油期货合约的收盘价，以及黄埔燃料油现货市场的现货价格。剔除节假日及停牌日子，共得到时间连续的 1085 个样本。

由于每个期货合约都将在一定时间到期，这里对期货价格数据的处理采用国外学者惯用的方法产生连续期货价格数据序列。考虑到上海燃料油期货上市时间不长，并且市场的期货合约都是一年期的合约，与NYMEX原油期货合约相比流动性较差，交易经常集中在一张活跃合约上，因此在处理上海燃料油期货市场价格时，以天为单位，将合约交割前60天起，成交量最活跃的一个月的合约收盘价格形成连续价格序列。相应地，因为广东市场占我国燃料油进口量的一半以上，尤其在广东黄埔拥有国内最为发达的燃料油现货市场，这里选取广东黄埔燃料油现货市场交易的新加坡高硫180cst的每日即期库提价格的最高价和最低价的平均价格作为燃料油的现货价格。

本节所选取的上海燃料油期货价格和黄埔现货价格的走势如图8.4所示。在1085个样本数据中，上海燃料油期货价格最高位是2008年7月11日的5578元/吨，最低为2008年11月13日的2480元/吨。黄埔燃料油现货市场的最高现货价格为2008年8月1日的5470元/吨，最低价为2008年12月8日2310元/吨。期货价格的最高价比现货价格的最高价早出现21天，最低价格早出现25天。这意味着，燃料油期货市场可能更早的对市场信息做出反应，并将信息反映到价格中。

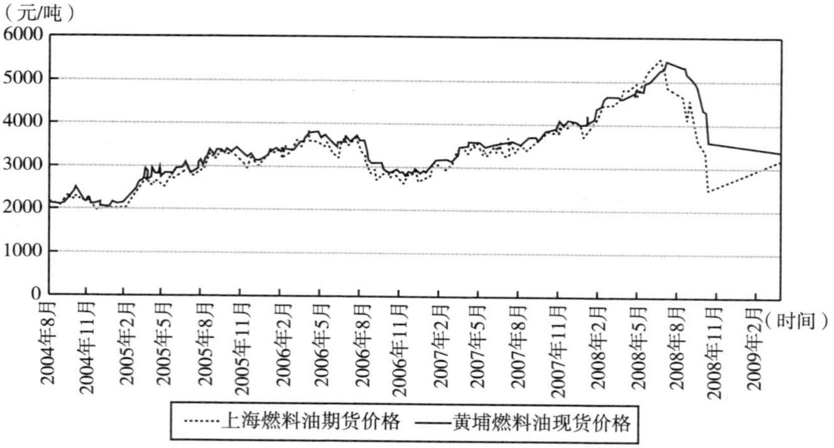

图8.4 上海燃料油期货价格与现货价格走势

资料来源：Wind资讯金融。

从图 8.4 可以看出，期货价格和现货价格基本保持共同的变动趋势，期货价格往往会先于现货价格表现出变化趋势。此外，我们还发现，在 2007 ~2008 年国际油价暴涨暴跌期间，上海燃料油期货价格的波动趋势先于黄埔燃料油现货价格，且波动幅度也高于现货价格。

8.2.2　实证分析

我们首先利用随机游走检验上海燃料油期货市场是否满足弱式有效。如果期货价格变动服从随机游走过程，则上海燃料油期货市场弱式有效假设成立。在对期货价格数据进行实证分析之前，有必要确定数据是趋势平稳过程还是单位根过程。如果不服从单位根过程，则可以说明期货价格的变化具有确定的时间趋势，市场中投资者可以通过对历史价格数据的统计分析预测未来的价格变化，从而燃料油期货市场不满足弱式有效性。如果燃料油期货价格服从单位根过程，则需要进一步检验期货价格的增量是否具有相关性，若燃料油期货价格增量序列不相关，则燃料油期货市场是弱式有效的，反之不满足弱式有效性。

为避免异方差对分析的影响，这里对上海燃料油期货合约价格的序列取对数，那么上海燃料油期货价格的增量为期货收益率：$R_t = \ln(F_t/F_{t-1})$。为了消除后期价格对前期价格存在依赖关系，这里是对燃料油期货价格收益率进行序列相关检验，即对期货价格增量进行相关性检验。

如表 8.3 所示，燃料油期货收益率序列的 ADF 检验结果在 1% 的显著水平下拒绝原假设，也即燃料油期货收益率序列是平稳过程。对于上海燃料油期货价格而言，在 1% 的显著水平下，零假设不能被拒绝，即期货价格序列是非平稳的。进一步对期货价格序列的一阶差分进行 ADF 检验，因为差分序列没有明显的趋势，所以选择不含常数项和趋势项的 ADF 检验。在 1% 的显著水平下，拒绝原假设，因此，燃料油期货价格序列是一阶平稳过程。

表 8.3 上海燃料油期货收益率与期货价格序列 ADF 检验结果

时间序列		ADF 统计量	1% 临界值	5% 临界值	10% 临界值
燃料油期货价格	原始数据 F_t	-1.417224	-3.436273	-2.864043	-2.568154
	一阶差分 ΔF_t	-14.48096			
燃料油期货收益 R_t		-15.24617	-3.436273	-2.864043	-2.568154

在上海燃料油期货价格服从单位根过程的情况下，须进一步检验燃料油期货的收益是否具有序列自相关性。由于滞后期越长对经济数据的影响也就越小，因此对燃料油期货收益的自相关检验取滞后 5 期，结果在 5% 的显著性水平拒绝了原假设燃料油期货价格是随机游走。因此，上海燃料油期货市场不满足有效市场假说。

接下来利用协整检验对燃料油市场进行有效性检验。在协整检验之前，须对燃料油现货价格和期货价格序列进行单位根检验，以判定是否满足协整的前提条件。燃料油期货价格的 ADF 检验见表 8.3，表 8.4 给出了燃料油现货价格序列和一阶差分序列单位根检验结果。

表 8.4 黄埔燃料油现货价格序列 ADF 检验结果

	价格序列	ADF 统计量	临界值			是否平稳
			1%	5%	10%	
原始序列	S_t	-1.573788	-3.436193	-2.864008	-2.568135	不平稳
一阶差分	ΔS_t	-29.04967				平稳

单位根检验结果表明，燃料油期货价格和现货价格一阶差分序列在 1% 显著水平是平稳的，序列均为一阶单整，符合协整前提条件。

首先将燃料油现货对期货价格利用最小二乘估计进行简单线性回归，建立期货价格与现货价格之间的长期关系：$F_t = \alpha + \beta S_t + \varepsilon_t$，然后通过协整检验回归方程残差项的平稳性，以判定燃料油现货价格与期货价格的长期关系。

回归方程为：

$$F_t = 1.86459 + 1.03714S_t \quad (8.1)$$

对非均衡误差的估计为：

$$Z_t = F_t - 1.03714S_t - 1.86459 \quad (8.2)$$

对残差进行平稳性检验，其 ADF 值 -4.412555 小于 1% 显著水平下的临界值 -3.436250，说明残差序列是平稳的，进而燃料油期货价格序列与现货价格序列存在协整关系。

由于燃料油期货和现货价格之间存在协整关系，可进一步利用误差修正模型来检验期货价格和现货价格之间的长期趋势和短期效应。误差修正模型可以表示为：

$$\Delta F_t = \delta_{11} + \delta_S Z_{t-1} + \sum_{i=0}^{n} \delta_{12,i} \Delta S_{t-i} + \sum_{i=1}^{n} \delta_{13,i} \Delta F_{t-i} + \varepsilon_{1t} \quad (8.3)$$

$$\Delta S_t = \delta_{21} + \delta_F Z_{t-1} + \sum_{i=1}^{n} \delta_{22,i} \Delta S_{t-i} + \sum_{i=0}^{n} \delta_{23,i} \Delta F_{t-i} + \varepsilon_{2t} \quad (8.4)$$

其中，$\delta_{12,i}$、$\delta_{13,i}$、$\delta_{22,i}$、$\delta_{23,i}$分别为短期调整系数，为 Z_{t-1}为期货价格与现货价格协整关系中的误差修正项，δ_S 和 δ_F 为误差修正项系数，如果系数估计显著则反映了期货价格与现货价格的调整方向与速度。

在方程（8.3）估计结果中，误差修正项系数并不显著，说明期货价格并不能对非均衡状态进行修正。方程（8.4）估计结果中，误差修正项系数为正且显著，说明误差修正项对现货价格的变动具有正向调节作用。因此，如果误差修正项 Z_{t-1}大于零，则期货价格相对于现货价格偏高，那么下一期的现货价格将上升；反之，如果误差修正项 Z_{t-1}小于零，则期货价格相对现货价格偏低，那么下一期现货价格将下降（见表 8.5）。并且长期误差项对现货价格的过度上涨或下跌的调整幅度约为 4%。

本节运用误差修正模型检验对上海期货交易所的燃料油期货市场有效性进行了实证检验，结果表明上海燃料油期货市场满足市场有效性的第一个条件，但不满足第二个条件。市场对燃料油现货价格具有一定的调整作用，但对期货价格不存在调节作用，并且期货价格无法

表 8.5　燃料油期货价格与现货价格误差修正模型的参数估计结果

	方程 8.3				方程 8.4			
变量	Z_{t-1}	ΔS_t	ΔS_{t-1}	ΔF_{t-1}	Z_{t-1}	ΔF_t	ΔF_{t-1}	ΔS_{t-1}
系数	-0.009414	0.386445	-0.080225	-0.175548	0.041167	0.232725	0.128681	0.092632
t 值	-1.061186	10.27342	-2.128204	-5.689498	6.079309	10.27342	5.365478	3.174749
p 值	0.2888	0.0000	0.0335	0.0000	0.0000	0.0000	0.0000	0.0015

对非均衡状态进行修正，从而在一定程度上说明上海燃料油期货市场的运行是非有效的。

8.3　中国燃料油期货市场的“行为范式”

金融衍生品是产生于金融资产价格波动大幅度提高的大背景环境下，它反映了投资者规避风险的主观愿望，是金融机构积极创新的成果，它产生和壮大的根本原因就在于其能满足投资者规避风险的需求。

金融衍生品是否能满足投资者规避风险的需求取决于金融市场的市场效率。不可否认，发展中国家的金融市场有效性要明显低于发达国家。1990 年 10 月 12 日中国郑州粮食期货市场成立至今只有 22 年的历史，上海燃料油期货市场的发展仅仅八年时间，期货市场的有效性低和非理性程度之高是显而易见的。不少文献也对中国金融市场中的非理性现象进行研究，李心丹（2004）和宋建华（2008）等研究认为，中国金融市场中的个体投资者和机构投资者的“羊群”效应、过度反应、处置效应等认知偏差均比发达国家严重，中国期货市场符合“行为范式”的研究模式。

“羊群”效应就是从众心理导致的跟风行为，一类是理性的“羊群”效应，由于信息获取的困难、行为主体的激励因素等原因，投资者根据自身所能获得的信息做出最优策略；另一类是非理性的

“羊群”效应，率先做出投资决策的投资者行为引起后来投资者的盲目模仿，从而忽视了理性分析。“羊群”效应违背了标准金融学理论，充分说明了市场低效性，“羊群”效应往往导致价格背离其基本价值，使基本面分析方法失效。

作为相对不成熟的期货市场，上海燃料油期货市场中“羊群”效应是对投资者和市场整体影响最大的问题，因此，本节对此进行详尽分析。

与发达国家上百年的期货市场发展历史相比，中国期货市场的发展只有短短的 20 多年，燃料油期货市场的发展更是短暂。因此，期货市场的透明度不够，信息存在不完全及不对称现象。中国期货市场的信息严重缺乏可靠的信息来源，基本依赖于相关报纸和网页公布信息，与期货市场密切相关的宏观经济信息也往往处于不透明状态，造成严重的信息不对称。在不可预测因素的影响下，投资者对市场上的各类信息无法迅速准确地识别，投资者往往在做出投资决定时会考虑在他之前的投资者所采取的策略，因为他们认为其他的投资者比自己更具有信息优势。于是，这部分投资者出于对未来走势预期不确定或保值等原因，采取的最优决策便是模仿其他人的行为，最终导致投资行为趋同情形出现。一方面，由于不完全信息的存在，投资者很难完全掌握期货市场动向；另一方面，由于不对称信息的存在，部分投资者相对其他投资者更具有信息优势，导致信息相对匮乏的那部分投资者认为拥有信息更多的一方的投资策略更加合理，由此产生强烈的从众心理。此外，政策干预市场的力度过强，相关政策的出台难以预期，导致投资者的理性决策无法及时进行调整。个体投资者的经验不丰富以及投资者心态的不成熟，并且在资金实力、信息获取以及技术分析上与机构投资者存在较大差距，相对而言，模仿机构投资者的投资策略，既不需花费太大成本，也不会使自己的投资选择异于市场大流。这是目前中国期货市场投资者容易产生“羊群”效应的重要原因。

从外部环境来看，中国期货市场还处于起步阶段，市场规模相对国外成熟市场而言较小，制度漏洞、品种不全等弊端不可避免地存在。从国外商品期货市场发展的情况来看，参与期货交易除了与商品相关的生产者和消费者外，最多的投资者为各类基金（如各类共同基金、保险基金、养老基金）的投资经理。相比而言，目前我国期货市场尚没有卖空机制，而且基金、保险、QFII 等均受到一定程度的限制，商业投资者参与积极性不高，机构投资者缺位，缺少具有一定规模的期货投资公司和期货投机基金的参与，投资大部分还得依靠投资者自己来完成，其投资行为必然具有很大的盲目性。投资主体仍是以中小散户为主，具有明显的短期效应，因此，中国的燃料油期货市场具有新兴市场的显著特征，投资者的“羊群”效应很强，机构投资者比例不高、交易活跃、过分追求短期目标，投机气氛较为浓厚。

在燃料油期货推出初期，由于套利者相对较少，从而市场出现大的定价偏差（即错误定价）的概率也较大。正是由于信息的不透明，市场的投资者不得不支付更高的社会交易成本，这样就降低了期货市场的运行效率。加之，商业投资者参与积极性不高，造成燃料油期货市场与现货市场的不一致，期货市场价格发现功能难以实现，因而进一步降低了期货市场的效率。此外，石油期货投资品种的缺乏，也成为影响中国石油期货市场发展的障碍。目前除燃料油期货外，并无其他可替代的金融衍生产品，因此存在扎堆投资现象。这些外部条件导致燃料油期货市场具有较高的不确定性，导致投资者产生行为偏差，理性决策的难度加大，心理依托感增强，于是形成“羊群”效应。

8.4 “行为范式”下中国燃料期货市场的风险及其监管

作为一个新兴市场，中国期货市场在过去近 20 年中经历了从无到有、从小到大的发展过程。在这一过程中，中国期货市场的投资者们在经历了几番市场洗礼之后也逐渐成长起来。上海燃料油期货市场作为中国期货市场重要的一部分，经过八年的发展，取得了初步成功，反映了中国燃料油期货市场价格信号的初步形成。与期货市场的其他品种一样，燃料油期货市场也会面临各种市场风险。本节将从期货市场风险展开，对行为范式下的燃料油市场风险进行分析，并提出相应的监管措施。

8.4.1 中国燃料油期货市场中的潜在风险

期货市场和其他任何市场一样都存在风险，这种风险一方面是由于市场不确定因素而导致损失，另一方面是由于期货市场内在的特殊机制造成的风险。期货市场的风险具有多样性和复杂性，一般而言，期货市场的风险主要是由于市场中不确定的主客观因素，出现对期货交易市场主体利益造成损失的情况，这种风险表现为价格的异常波动。期货市场在给套期保值者提供规避风险途径的同时，风险对冲机制、交易的非理性投机和市场机制不健全等都蕴含着市场风险。

与发达国家相比，中国的期货市场建设仍处于初级阶段，市场体系尚未完全建立，因此，在中国期货市场发展过程中，各类市场风险必然存在。本章认为，燃料油期货市场的风险主要体现在四个方面：过度投机的风险；市场效率风险；交易风险；流动性风险。这四种风险均与金融市场的“行为范式”以及期货市场的特殊性相关。

燃料油期货的推出初衷是适应市场发展需要，为广大企业提供有效的规避价格风险的工具，以期在一定程度上提高应对风险的能力。对于衍生品市场的正常运作而言，套期保值和投机都是不可缺少的衍生工具。套期保值是为了实现有效的风险管理，投机行为则保证了衍生品市场具备充分的流动性。但是，在短期内难以改变交易者的投机心理和行为，如果投机行为过度，就会削弱衍生品市场的价格发现和风险对冲功能。燃料油期货对交易者的吸引力主要在于其保值投资功能，在一定程度上，燃油期货的引入会进一步扩大期货市场的投机气氛。

期货市场的非理性程度远高于货币、债券等普通的金融市场，价格波动性强，适用于行为范式投资模式，因此，当大量使用类似投资模式的交易者涌入燃料油期货市场时，就会产生“羊群”效应，甚至会加剧市场泡沫，产生一定的系统性风险。

有效市场假说认为如果市场价格完全反映了所有当前可用信息，那么这个市场是有效率的，但是，如果市场中的一部分投资者比其他投资者拥有更多信息或更早得到信息，并凭借信息获取利润，那么这个市场就是无效的。在期货市场中，投机者既是价格风险的承担者，也是价格发现的参与者，是市场最为活跃度力量。正是由于投机者的存在，市场流动性才得以提高。但是，期货投机者具有丰富的专业知识和熟练的投资技巧，他们会经常变换投资策略进行买空卖空以谋取更多的价差收益，并利用各种价差交易方式选择和制造价差空间，从而加剧了市场价格波动，使价格背离其基本面价值，造成市场效率风险。

燃料油期货是为了规避风险而出现的金融衍生工具，而正是由于具有避险功能，也使其成为风险聚集的地方。期货合约都不仅具有远期交易的特点，而且合约的空头筹码较大，因而价格波动频率较高。此外，与现货合约不同，期货合约可以不断成交，在很短的时间里也可以多次转手，很容易诱发交易者的投机心理，从而加大了价格的波动幅度，期货价格波幅越大，交易风险出现的概率也就越大。在不确定性因素所形成的不可预测的波动的情况下，市场供求力量对比发生变化，诸如季节、气候等自然条件变化，以及突发性的政策风险将造成价格波动，甚至剧烈波动，从而导致交易风险的发生。

期货市场流动性是指交易期货合约的便利程度，一般用市场交易量和未平仓合约数来衡量。期货合约的价值越高，其流动性就越差，因为当期货合约价值过高时，高于市场大部分参与者的投资参与能力，而将很多参与者排除在市场之外，当期货合约价值过低时，套期保值成本增加，影响投资者利用期货避险的积极性。因此，燃料油期货合约的设计非常重要，期货合约价值的高低将直接影响燃料油期货市场流动性，如果市场流动不高，将导致投资者无法完成正常的套利和避险交易，从而产生流动性风险。就流动性风险而言，一种是市场流动性风险，另一种是资金流动性风险。期货市场中流动性风险不是孤立存在的，一方面是由于期货交易机制本身造成的，另一方面又与市场中的其他风险相伴而生。

由于中国期货市场的深度和广度不够，燃料油期货市场的价格容易发生剧烈波动，导致投资者因缺乏合约交易对手而无法在一定价位上变现或平仓。中国期货市场发展相对滞后，目前的燃料油期货市场还不能完全满足投资者在既定价格水平下获得所需的交易量，买卖双方在既定的价格水平下均要受到成交量的限制。同时，燃料油期货市场对大额交易需求的承接能力还有待完善，与世界其他成熟的石油期货市场相比，中国的燃料油期货市场仍旧缺乏深度，在追加数量较小的需求后可以使期货价格大幅上涨。于是，燃料油期货市场广度和深度的缺乏将会造成市场流动性风险的发生，导致市场不能正常发生交易，甚至陷入困境。对于燃料油期货市场而言，当投资者的流动资金不足造成合约到期时无法履行支付义务，或者在结算时账户出现保证金不足并且无法及时追加，而其持有头寸将会被迫平仓，从而造成资金流动性风险。燃料油期货市场流动性风险的发生不仅影响燃料油期货价格和收益，还可能引发“金融恐慌”，从而导致整个期货市场系统的流动性缺失。

8.4.2　燃料油期货市场的监管

有关期货市场的监管，既是近年来各国政府和学术界关注的焦点，也是一个富有争议的问题。在期货市场的发展过程中，高效的监管体系是期货市场稳定健康发展不可或缺的基本条件。中国的期货市场发展较晚，目前的监管体系主要建立在市场发展初期所应对的问题上，还未形成完整的期货市场监管体系。本节在介绍美国在期货市场已有的监管经验和中国现行监管体系缺陷的基础上，从行为金融学的角度对期货市场监管体系、监管原则和监管模式三个方面进行分析，并提出改善中国目前期货市场监管体系的基本思路。

美国期货市场是全球最为成熟的期货市场。从 1848 年芝加哥谷物交易所建立算起，期货市场已在美国发展了 160 多年。而中国的期货市场建立才不过短短 20 余年时间。因此，深入分析美国期货市场监管经验，有助于中国期货市场的平稳发展，为燃料油期货市场更好更快的发展提供有益的借鉴。

纵观国际上期货市场监管制度，大多以政府、期货行业协会与交易所三级结构，只是政府、期货行业协会、交易所的权利分布存在差别。美国期货市场是典型的政府监管、行业自律和交易所自我监管三级控制模式。美国期货市场的监管部门是根据 1974 年颁布的《商品期货交易委员会法》设立的商品期货交易委员会（CFTC），完全独立于政府行政部门的监管期货市场的最高权力机构，负责对期货交易品种上市、期货交易所、期货公司等实行全面监管。成立于 1981 年的美国全国期货协会是一个行业性自我监管机构，负责对整个期货市场的行业监管和协调。在这三级监管模式中，政府监管处于主导地位，对全国期货市场实现统一集中的管理，有效地协调行政立法与执法、政府与市场、政府监管与行业自律之间的关系。

目前，中国期货市场已经初步形成了国务院期货监督管理机构、期货行业协会以及期货交易所的三级风险控制监管体系，并根据中国国情决定具体的控制程序和管理方法。在《中国金融期货交易所风险控制管理办法》中，中国金融期货交易所建立了包括保证金制度、价格限制制度、限仓制度、大户报告制度、强行平仓制度、强制减仓制度、结算担保金制度和风险警示制度等在内的风险控制体系。其中，中国证监会负责对整个证券市场和期货市场进行监管，但行业自律和交易所自我监管的作用没有得到充分发挥。

中国证监会是中国期货的监管部门，对燃料油期货市场行使直接的行政管理权。负责对交易所的组织监管、规则审核、风险管理措施进行审核和风险管理，并对期货经纪公司和期货从业人员的监管。但是，中国的证监会主导的三级监管模式与美国成熟的监管体系相比差距还很大，美国期货市场虽然是行政集中监管，但以市场主体的自律监管为主。在中国监管模式中，行政监管范围过大，对市场干预较多，并且往往处于被动位置，而市场自律主体的积极性不够，以行业协会和交易所为主的自律监管体系存在缺陷，尤其是行业协会法律地位不明确，没有充分发挥自律监管的作用，这不利于市场风险的防范。

燃料油期货是脱胎于传统金融产品的一种交易工具，与其他金融衍生品一样，在规避和转移风险的同时，也会产生新的金融风险。如果运用得当，不仅可以有效规避风险，而且可以降低投资和融资成本、提高投资收益率。反之，如果运用得不好，市场投机会被放大，投机过度将导致投资者遭受巨大损失。

与发达国家成熟的石油期货市场相比，我国的燃料油期货市场属于新兴市场，在监管体制上应体现出对市场的培育，保证期货市场健康发展。在市场价格出现剧烈波动时，政府监管往往为了维护市场稳定，倾向于干预市场价格，而正是这种维护市场秩序的措施对市场造成严重伤害，导致投资者对市场监管形成错误预期，打击投资者信心，削弱市场参与者的积极性，不利于市场的发展。因此，在监管方式上需要进一步完善现行的三级监管制度，并参照国际成熟经验，在政府监管处于主导地位的同时，充分发挥自律监管的作用。行业协会和交易所更接近现实市场，可根据市场的变化及时做出监管调整，促进行业自律管理，建立政府监管主导下有效的自律监管体系，保护会员合法权益，保障期货市场的良好运行。

燃料油期货市场规模的扩大得益于这些年不断规范运行以及制度创新，但也需要进一步培育机构投资者。期货市场要紧贴实体经济、贴近石油产业，使更多石油相关企业利用期货市场套期保值规避风险。虽然燃料油期货市场中的机构投资者不多，但其交易持仓量占比很高，对市场平稳运行起到关键作用。如果没有机构和个人投资者的积极参与，期货交易市场是不活跃的。因而，在燃料油合约设计和规则安排上要有利于机构投资者参与，同时对机构投资者的监管要区别对待，对于单边持仓、套保持仓、投机持仓的行为须细致区分，避免过度监管降低投资者市场参与的灵活性和有效性。采用不同的监管措施，以激励机构投资者市场参与的积极性，提高机构投资者资金使用效率。

此外，期货保证金制度是期货交易所控制风险的重要手段。理论界对于期货市场交易保证金的问题一直存在两种不同的观点：第一种，保证金是为了建立更具信用的期货市场，避免违约行为的发生，并且保证金越高，交易者违约的可能性就越小，市场运行就越安全；第二种，保证金作为调控价格波动的一种工具，过低的保证金会造成市场过度投机，较高的保证金则在一定程度上有助于降低期货价格的波动幅度，使价格走势更趋于平稳和理性。一般而言，发达国家的成熟期货市场上的交易保证金水平都比较低。中国的期货市场起步较晚，交易者的市场信誉不高，监管体系还不够完善，投机风险和违约风险都要高于发达国家，因而在对期货风险管理时，可以通过提高保证金水平以提高交易成本，达到控制市场风险的目的。

8.5　本章小结

燃料油是目前中国石油及石油产品中已经完全实现市场化的一个油品，燃料油现货价格和流通完全由市场调节，同时也是中国除原油外进口量最大的石油产品。

由于亚洲过去没有成功的燃料油期货市场，中国燃料油进口商只能以普氏新加坡的现货评估价格作为进口结算参考。这种计价方式并不能反映中国市场燃料油的真实需求，但却决定着中国进口燃料油的全部成本。因此，上海燃料油期货的上市，为燃料油的“中国标准”和“中国定价”奠定了前提基础。上海燃料油期货市场推动了全国统一的燃料油市场体系和价格体系的逐步形成，推动了反映中国市场供需关系的燃料油价格形成，更为国内燃料油相关企业提供一个更加有效的风险管理工具。

但是，不可否认，上海燃料油期货市场还处于初级阶段，市场运行机制还不够完善。通过实证结果可知，上海燃料油期货市场目前还没有达到有效市场，整体的效率仍然不高。毕竟，中国的燃料油期货市场发展仅仅 8 年时间，市场中的个体投资者和机构投资者的“羊群”效应、过度反应、处置效应等认知偏差也均比发达国家严重，期货市场存在一定程度有效性低和非理性是不可避免的。

由于中国推出燃料油期货的时间不长，尚未形成完善的期货市场投资模式，因此，本章讨论了燃料油期货市场的“潜在风险”：过度投机的风险、市场效率风险、交易风险、流动性风险。对于期货市场风险的监管，目前我国采用国际上普遍的政府、期货行业协会与交易所的三级监管模式，但行政监管范围过大，对市场干预较多，而市场自律主体的积极性不够，以行业协会和交易所为主的自律监管体系存在一定缺陷，因而在政府监管处于主导地位的同时，应充分发挥自律监管的作用。

上海燃料油期货的成功推出以来，市场运行平稳，并与国际市场和国内现货市场形成联动，市场影响力不断扩大。在客观上也为我国逐步推出汽油、原油期货在风险控制、参与者结构、合约制定、市场运作等方面积累了宝贵经验。

第9章 总结与展望

本章是对全书的一个总结，第一部分是对本书主要研究结论的总结，第二部分是对本书研究局限性的分析，并指出有待进一步研究的问题。

9.1　主要研究结论

毫无疑问，作为重要的战略和政治资源，又是社会生产生活中关键的投入要素，石油在现代社会扮演着举足轻重的角色，其价格的波动极大地吸引着政治家、经济学家以及公众的视线。尤其在过去 5 年，石油价格走势成为全球消费者和企业生产者关注焦点。2008 年夏，国际油价不同寻常的暴涨和暴跌，引发各界对石油市场泡沫化的担忧。

本书针对石油市场的复杂性，以研究石油价格波动性为核心，从行为金融学视角完善经典有效市场假说理论对于石油市场的分析，分别基于基本面和行为视角考察影响油价波动的因素。全书主要论述四个问题：一是分析石油市场的金融性与市场有效性，并对油价波动进行历史解析；二是考察石油市场中基本面和非基本面对油价的相对影响力，重点分析 2003 ~ 2008 年的石油市场“异象”；三是研究石油市场中不同交易者行为对油价的影响，引入异质性模型，在行为范式下解释油价异动的原因；四是探讨中国的燃料油期货市场现状以及相关特性。写作思路基本遵循从宏观分析到微观分析，层层深入。

本书首先根据标准金融和行为金融理论对当前国际石油市场予以判断，详细论述了标准金融与行为金融理论上和实证上的基本特征与区别，并进一步将理论用于分析石油市场，考察市场的有效性与市场中的行为范式。经典有效市场假说理论是基于信息有效、投资者理性以及效用最大化的假设之上，预测市场总是有效的，价格是由基本面因素决定的，并反映了所有可用信息。另外，行为理论认为金融市场是人行为的反映，因此，摈弃“理性人”的假设可以更好地解释现实市场中的一些金融现象。投资者并不总是完全理性的，市场也并非总是有效的，这些理论范式为研究石油市场提供了有力的理论依据。在这些行为范式的理论基础上，建立数理模型、实证模型、统计模型等一系列方法，系统分析了石油市场的运行效率和价格发现功能，以及市场基本面和非基本面对石油价格的影响程度和影响规律，在一定程度上解释了石油市场油价异动的原因。进而结合行为金融学中有限理性和异质性理论，深入探讨了石油市场中持不同交易策略的投资者行为对石油价格的影响。最后，将视线转移到新兴的中国燃料油期货市场上，研究上海燃料油期货市场的运行效率，分析燃料油期货市场中的“行为范式”以及潜在风险，以确保对期货市场监管有效合理的执行。

从理论指导实践的角度来讲，本书研究的意义在于利用行为金融学研究石油市场，构建更加符合实际石油市场状况的理论和实证模型。此外，可以根据研究对石油市场的运行效率进行评价，进一步结合投资者交易行为分析将对未来中国的石油期货市场建设具有更深刻的现实价值。

综合来说，本书的研究结论归纳为以下几点：

第一，传统的金融理论已不能完全解释 21 世纪以来石油市场所出现的“异象”。纵观石油的发展历史，剖析石油价格历史进程，不难发现，当前石油期货市场的形成是植根于石油市场结构和定价体系的演变。石油市场与金融市场的紧密结合，使石油成为一种具有投资价值的商品。对石油市场的考察已不能局限于传统金融学理论，投资者心理因素的存在使其在投资决策时具有有限理性，因而需要放宽有效市场假说中的完全理性假设，从行为范式角度分析问题，使得到的结果更加贴近于现实。

第二，针对石油市场的复杂性，将影响油价波动的因素分为基本面因素和非基本因素，在投资者异质性和投资情绪对油价影响的理论基础上，对石油存货模型进行改进，从行为金融角度构造了基于石油产量、现货价格、期货价格、石油库存水平、期现货价差的石油市场模型。基于理论模型，利用符号约束的 VAR 模型具体分析 2003 年以来国际油价波动原因。结果发现，石油期货市场中的投机活动在很大程度上扭曲了石油价格形成机制，对石油现货价格和期货价格有较大影响。

第三，引入行为金融学中行为人的认知偏差理论，以及理性投资者的套利存在风险和成本，建立一个基于噪声交易的石油期货市场异质性主体的理论模型。该模型是对传统石油期货定价模型的一个创新，能够反映石油市场更多的现实信息。理论研究表明：一方面，如果基本面波动程度增大、未来石油需求不确定性增加、石油价格偏离基本面或油价历史趋势的程度较小，那么将只有商业性交易者进入石油市场；另一方面，如果存在大量意外的冲击对石油现货价格造成影响，那么所有持不同策略的交易者都将进入石油市场。进一步利用时变转移概率马尔科夫转移模型对 1992 年 1 月至 2011 年 10 月的数据进行检验，结果发现：在 2004 年以前，石油市场的基本面因素可以很好地解释石油期货价格波动，但 2004 年以后，石油市场中的状态转移变得更加频繁，特别是趋势追逐状态占据主导地位。该模型的一个显著特点是将石油市场的主体行为人与客观基本面结合在一起，更加有力地解释了油价运动机理，在一定程度上克服了简单片面地从市场某一因素解释石油价格波动原因。

第四，利用协整检验、误差修正模型对上海燃料油期货市场的运行效率进行探讨，结果表明，目前的上海燃料油期货市场不满足弱式有效市场条件。在此分析基础上，以行为范式下的市场交易行为考察燃料油期货市场的潜在风险，借鉴美国成熟的期货市场监管体系，提出完善中国燃料油期货市场应对市场风险的监管措施。

9.2 未来研究方向

本书的研究是对当前石油市场日趋金融化下的油价动态行为考察的一个有益尝试，究竟如何才能更加准确科学地刻画石油市场各类投资者行为，还需要未来进一步的探讨。本书在作者的知识范围内，从行为金融学视角考察影响油价的非基本面因素，但目前行为金融学还未形成一个完整的理论体系，如何更好地利用行为金融理论进行分析研究，是值得深入研究的一个理论课题。

本书对石油市场运行效率考察，并认为标准金融学的研究方面已不再适用于当前的石油市场，从市场噪声交易角度出发详细分析不同交易者的投资策略可能对油价的影响。在今后的研究工作中，可进一步通过实证模型具体分析“羊群”行为、锚定心理、损失厌恶等认知因素对油价的影响。

此外，本书所提出的石油市场中异质性投资者模型在考察行为人策略选择时，还存在一定困难，需要进一步完善。基于有限理性和异质性的石油期货定价模型，只考虑了理性交易者与噪声交易者的交易行为，如何在此模型的基础上，构建投资者有效套利下的石油期货收益，将是行为金融视角下的期货定价理论的一个重大突破。

受到样本长度的限制以及数据获取的有限性，本书对上海燃料油期货市场的研究还只是初步考察市场效率，随着未来可用数据的扩展，可同样建立燃料油市场的异质性投资者模型，从而对燃料油价格波动性进行详细分析，并与其他成熟石油期货市场进行对比研究，这是值得进一步研究的方向。

尽管本书的写作紧紧围绕着行为金融学的核心主题——有限理性与异质性，但正如 Shleifer（2000）所指出的那样，行为金融学并没有一个形成一个系统的框架，其理论研究还处于发展阶段，但不可否认它为金融学体系贡献了一种新的思路、一系列新的理论、一套新的实证检验方法。正因为如此，本书第 4 章至第 7 章中，虽然试图尽力按照一个符合逻辑的框架进行研究，但依然会面临 Shleifer 所提及的问题，对于石油市场和石油价格的研究还是局限于投资者有限理性和投资情绪上，很难将行为金融学中有效套利与投资者行为从理论模型上结合起来，这也是今后需要继续研究的方向。

参考文献

［1］陈悠久. 石油输出国组织与世界经济［M］. 北京：石油工业出版社，1998.

［2］李心丹. 行为金融学：理论及中国的证据［M］. 上海：上海三联书店，2004.

［3］管清友. 国际油价波动的周期模型及其政策含义［J］. 国际石油经济，2008（01）：25－31.

［4］管清友.《石油的逻辑》——国际油价波动机制与中国能源安全［J］. 国际石油经济，2010（05）：10.

［5］郭子嘉. 噪音交易风险下的有限套利研究［J］. 地方财政研究，2011（12）：63－69.

［6］姬强，朱磊，莫建雷，等. 2012 年国际原油市场走势分析与价格预测［J］. 中国科学院院刊，2012（01）：44－49.

［7］魏巍贤，林伯强. 国内外石油价格波动性及其互动关系［J］. 经济研究，2007，42（12）：130－141.

［8］游家兴. 投资者情绪、异质性与市场非理性反应［J］. 经济管理，2010（04）：138－146.

［9］李心丹，王冀宁，傅浩. 中国个体证券投资者交易行为的实证研究［J］. 经济研究，2002（11）：54－63.

［10］李心丹. 行为金融理论：研究体系及展望［J］. 金融研究，2005（01）：175－190.

［11］攀登，施东晖，曹敏. 中国个人投资者采用股价趋势交易

策略的经验研究［J］. 世界经济，2003（11）：71－77.

［12］陈彦斌. 情绪波动和资产价格波动［J］. 经济研究，2005（03）：36－45.

［13］李卓，张茜. 国际油价波动与石油冲击——基于符号约束VAR模型实证分析［J］. 世界经济研究，2012（08）：10－16.

［14］李卓，邢宏洋. 国际石油价格波动对我国通货膨胀的影响——基于新凯恩斯 Phillips 曲线的研究［J］. 国际贸易问题，2011（11）：18－30.

［15］李卓，张茜. 石油价格冲击对经济的影响：文献综述［J］. 经济评论，2009（05）：147－152.

［16］陆家骝. 标准金融学的经验异常与行为金融学的兴起［J］. 华南金融研究，2004（02）：1－8.

［17］刘少波，崔萍. 资本市场有限套利及其均衡问题［J］. 经济学动态，2005（09）：111－115.

［18］王永宏，赵学军. 中国股市惯性策略和反转策略的实证分析［J］. 证券市场导报，2001（06）：28－33.

［19］宋玉华，林治乾，孙泽生. 期货市场、对冲基金与国际原油价格波动［J］. 国际石油经济，2008（04）：9－17.

［20］尚者. 运用石油期货进行套期保值［N］. 期货日报，（3）.

［21］中国海洋石油总公司能源经济研究院管清友. 石油的逻辑［N］. 中国社会科学报.

［22］曹渊峰. 上海燃料浦东有限责任公司发展战略研究［D］. 上海交通大学，2007.

［23］贾男. 中国股市噪音交易研究［D］. 四川大学，2007.

［24］李勇. 不同市场有效性条件下的中国投资策略研究［D］. 华东师范大学，2006.

［25］彭浩. 中国农产品期货市场效率问题的研究［D］. 西南财经大学，2004.

[26] 王锋. 我国燃料油期货市场久期及其应用研究 [D]. 中国矿业大学, 2011.

[27] 叶志钧. 上海期交所燃料油期货的功能与制度研究 [D]. 浙江大学, 2006.

[28] 拉斯特维德. 金融心理学: 掌握市场波动的真谛 [Z]. 中国人民大学出版社, 2004.

[29] Adelman M A. World Petroleum Market [M]. Johns Hopkins University Press, 1972.

[30] Alquist R, Kilian L. What do We Learn from the Price of Crude Oil Futures? [J]. Journal of Applied Econometrics, 2010, 25 (4): 539 – 573.

[31] Balke N S, Stephen P. A. Brown and Mine K. Yücel. Oil Price Shocks and the U. S. Economy: Where Does the Asymmetry Originate? [J]. The Energy Journal, 2002, 23 (3): 27 – 52.

[32] Barber B M, Odean T. Trading Is Hazardous to Your Wealth: The Common Stock Investment Performance of Individual Investors [J]. Journal of Finance, 2000, 55 (2): 773 – 806.

[33] Barberis N, Huang M, Santos T. Prospect Theory and Asset Prices [J]. The Quarterly Journal of Economics, 2001, 116 (1): 1 – 53.

[34] Barberis N, Thaler R. A Survey of Behavioral Finance [J]. NBER Working Paper, 2002 (9222).

[35] Barsky R B, Kilian L. A Monetary Explanation of the Great Stagflation of the 1970s [J]. Working Papers, 2000.

[36] Barsky R B, Kilian L. Oil and the Macroeconomy Since the 1970s [J]. Journal of Economic Perspectives, 2004, 18 (4): 115 – 134.

[37] Barsky R, Kilian L. Do We Really Know that Oil Caused the Great Stagflation? A Monetary Alternative [J]. NBER Working Papers, 2001.

[38] Bernanke B S, Gertler M, Watson M. Systematic Monetary

Policy and the Effects of Oil Price Shocks [J]. Brookings Papers on Economic Activity, 1997: 728.

[39] Bernanke B S, Gertler M, Watson M W. Oil Shocks and Aggregate Macroeconomic Behavior: The Role of Monetary Policy: Reply [J]. Journal of Money, Credit and Banking, 2004: 736.

[40] Bernanke B S. Irreversibility, Uncertainty, and Cyclical Investment [J]. NBER Working Papers, 1980, 98 (1): 85 -106.

[41] Black F, Jensen M. The Capital Asset Pricing Model: Some Empirical Tests [M]. Theory of Capital Markets, New York: Praeger, 1972: 79 -121.

[42] Black F. Noise [J]. Journal of Finance, 1986, 41 (3): 529 -543.

[43] Bollerslev T. Generalized Autoregressive Conditional Heteroskedasticity [J]. Journal of Econometrics, 1986, 31 (3): 307 -327.

[44] Bondt W F M, Thaler R. Does the Stock Market Overreact? [J]. Journal of Finance, 1985, 40 (3): 793 -805.

[45] Brealey R A, Myers S C. Principles of Corporate Finance [M]. New York: McGraw - Hill, 2006.

[46] Buyuksahin, B. A. H. J. , Do speculators drive crude oil futures prices? The Energy Journal, 2011. 32 (2): 167 -202.

[47] Carlstrom C T, Fuerst T S . Oil Prices, Monetary Policy, and Counterfactual Experiments [J]. Journal of Money, Credit, and Banking, 2006, 38 (7): 1945 -1958.

[48] Cftc. Staff Report on Commodity Swap Dealers and Index Traders with Commission Recommendations [R]. Commodity Futures Trading Commission, 2008.

[49] Chen H L, De Bondt W. Style Momentum within the S & P -500 Index [J]. Journal of Empirical Finance, 2004, 11 (4): 483 -507.

[50] Cho J, Jo K. Overconfidence and Information: The Differences between Individuals and Institutions [J]. Available at SSRN 891085, 2006.

[51] Daniel K, Hirshleifer D, Subrahmanyam A. Investor Psychology and Security Market under and Overreactions [J]. Journal of Finance, 1998, 53 (6): 1839-1885.

[52] Davis, S. J. Allocative Disturbances and Specific Capital in Real Business Cycle Theories [J]. American Economic Review, 1987, 77 (2): 326-332.

[53] De Bondt W F M, Thaler R H. A Mean - Reverting Walk Down Wall Street [J]. Journal of Economic Perspectives, 1989, 3 (1): 189-202.

[54] De Bondt W F M, Thaler R H. Do Security Analysts Overreact? [J]. American Economic Review, 1990, 80 (2): 52-57.

[55] De Bondt W F M, Thaler R. Does the Stock Market Overreact? [J]. Journal of Finance, 1985, 40 (3): 793-805.

[56] De Bondt W F M. What Do Economists Know about the Stock Market? [J]. Journal of Portfolio Management, 1991, 2 (17): 84-91.

[57] De Bondt W, Palm F, Wolff C. Introduction to the Special Issue on Behavioral Finance [J]. Journal of Empirical Finance, 2004, 11 (4): 423-427.

[58] De Long J B E A. The Size and Incidence of the Losses from Noise Trading [J]. Journal of Finance, 1989, 44 (3): 681-696.

[59] De Long J B E A. The Survival of Noise Traders in Financial Markets [J]. Journal of Business, 1991, 64 (1): 1-19.

[60] De Long J B, Shleifer A, Summers L H, et al. Noise Trader Risk in Financial Markets [J]. Journal of Political Economy, 1990, 98 (4): 703-738.

[61] De Long J B, Shleifer A, Summers L H, et al. Positive

Feedback Investment Strategies and Destabilizing Rational Speculation [J]. Journal of Finance, 1990, 45 (2): 379 -395.

[62] Dixit A K, Pindyck R S . The Options Approach to Capital - Investment [J]. Long Range Planning, 1995, 28 (28): 129 - 129 (1).

[63] Du J. Heterogeneity in Investor Confidence and Asset Market under - and Overreaction [J]. Working Paper, 2002 (SSRN 302684).

[64] Duffie, D., Security markets: Stochastic models. Vol. 19821. 1988: Academic Press San Diego, CA.

[65] Durland J M, Mccurdy T H. Duration - Dependent Transitions in a Markov Model of US GNP Growth [J]. Journal of Business Economic Statistics, 1994, 12 (3): 279 -288.

[66] Dvir E, Rogoff K S. The Three Epochs of Oil [J]. Working Paper, 2010, Boston College.

[67] Edelstein P, Kilian L. Retail Energy Prices and Consumer Expenditures [J]. Social Science Electronic Publishing, 2007.

[68] Edelstein P, Kilian L. The Response of Business Fixed Investment to Changes in Energy Prices: A Test of Some Hypotheses About the Transmission of Energy Price Shocks [J]. B. e. journal of Macroeconomics, 2008, 7 (1): 1607 -1607.

[69] Elliott G, Timmermann A. Economic Forecasting [J]. Journal of Economic Literature, 2008, 46 (1): 3 -56.

[70] Engle, R. F. and C. W. J. Granger, Co - integration and Error Correction: Representation, Estimation, and Testing, Econometrica, 1987. 55 (2): 251 -76.

[71] Fama E F, French K R. The Cross - Section of Expected Stock Returns [J]. Journal of Finance, 1992, 47 (2): 427 -465.

[72] Fama E F. Efficient Capital Markets: A Review of Theory and

Empirical Work [J]. Journal of Finance, 1970, 25 (2): 383 -417.

[73] Fama E F. Efficient Capital Markets: II [J]. Journal of Finance, 1991, 46 (5): 1575 -1617.

[74] Fama E F. Market Efficiency, Long - term Returns, and Behavioral Finance [J]. Journal of Financial Economics, 1998, 49 (3): 283 -306.

[75] Fama E F. Multiperiod Consumption - Investment Decisions [J]. American Economic Review, 1970, 60 (1): 163 -174.

[76] Fama E F. The Behavior of Stock - Market Prices [J]. Journal of business, 1965, 33 (1): 34 -105.

[77] Fama, E. F., Efficient capital markets: A review of theory and empirical work. The journal of Finance, 1970, 25 (2): 383 -417.

[78] Filardo A J, Gordon S F. Business Cycle Durations [J]. Journal of Econometrics, 1998, 85 (1): 99 -123.

[79] Filardo A J. Business - Cycle Phases and Their Transitional Dynamics [J]. Journal of Business Economic Statistics, 1994, 12 (3): 299 -308.

[80] Fisher K L, Statman M. A Behavioral Framework for Time Diversification [J]. Financial Analysts Journal, 1999, 55 (3): 88 -97.

[81] Fisher L. Some New Stock Market Indexes [J]. Journal of Business, 1966, 39 (1): 191 -225.

[82] Frankel J A. The Effect of Monetary Policy on Real Commodity Prices [M]. Asset Prices and Monetary Policy, University of Chicago Press, 2008, 291.

[83] Friedman M. The Methodology of Positive Economics [M]. Essays in Positive Economics, University of Chicago Press, 1953, 3 -43.

[84] Fry R, Pagan A. Sign Restrictions in Structural Vector Autoregressions: A Critical Review [R]. Australian National University, Centre

for Applied Macroeconomic Analysis, 2010.

[85] Garbade, K. D. and W. L. Silber, Price Movements and Price Discovery in Futures and Cash Markets. The Review of Economics and Statistics, 1983. 65 (2): 289 -97.

[86] George L. Emotions in Economic Theory and Economic Behavior [J]. American Economic Review, 2000, 90 (2): 426 -432.

[87] Gramlich E M. Oil Shocks and Monetary Policy [R]. Speech presented at the Annual Economic Luncheon, Federal Reserve Bank of Kansas City, 2004.

[88] Greenspan A. Oil [R]. Speech presented at the National Italian American Foundation, Washington, DC. , 2004.

[89] Grossman S J, Shiller R J. The Determinants of the Variability of Stock Market Prices [J]. American Economic Review, 1981, 71 (2): 222 -227.

[90] Grossman S J, Stiglitz J E. On the Impossibility of Informationally Efficient Markets [J]. American Economic Review, 1980, 70 (3): 393 -408.

[91] Hamilton J D, Herrera A M. Oil Shocks and Aggregate Macroeconomic Behavior: The Role of Monetary Policy: A Comment [J]. Journal of Money, Credit and Banking, 2004, 36 (2): 265 -286.

[92] Hamilton J D. Oil and the Macroeconomy since World War II [J]. Journal of Political Economy, 1983, 91 (2): 228 -248.

[93] Hamilton J D. A New Approach to the Economic Analysis of Nonstationary Time Series and the Business Cycle [J]. Econometrica. 1989, 57 (2): 357 -384.

[94] Hamilton J D. Causes and Consequences of the Oil Shock of 2007 - 08 [J]. Brookings Papers on Economic Activity, 2009a, 40 (1): 215 -283.

[95] Hamilton J D. Historical Causes of Postwar Oil Shocks and Recessions [J]. Energy Journal, 1985, 6 (1): 97 –116.

[96] Hamilton J D. Historical Oil Shocks: Working Paper [Z]. National Bureau of Economic Research, 2011.

[97] Hamilton J D. Oil and the Macroeconomy [J]. New Palgrave Dictionary of Economics Edition Palgrave Macmillan, 2008, volume 18 (4): 115 –134 (20).

[98] Hamilton J D. Understanding Crude Oil Prices [J]. Energy Journal, 2009b, 30 (2): 179 –206.

[99] Hamilton J D. What is an Oil Shock? [J]. Journal of Econometrics, 2003, 113 (2): 363 –398.

[100] Hamilton, James D. A Neoclassical Model of Unemployment and the Business Cycle [J]. Journal of Political Economy, 1988, 96 (3): 593 –617.

[101] Harris L, Gurel E. Price and Volume Effects Associated with Changes in the S&P 500 List: New Evidence for the Existence of Price Pressures [J]. Journal of Finance, 1986, 41 (4): 815 –829.

[102] Harris, J. H. and B. Buyuksahin, The Role of Speculators in the Crude Oil Futures Market. SSRN eLibrary. Available at http: //ssrn. com/paper, 2009, 1435042.

[103] Hicks, J. R. , Value and capital. Vol. 2. 1974: Clarendon press Oxford.

[104] Hong H, Stein J C. A Unified Theory of Underreaction, Momentum Trading, and Overreaction in Asset Markets [J]. Journal of Finance, 1999, 54 (6): 2143 –2184.

[105] Hong H, Stein J C. Disagreement and the Stock Market [J]. Journal of Economic Perspectives, 2007, 21 (2): 109 –128.

[106] Hooker M A. Are Oil Shocks Inflationary: Asymmetric and

Nonlinear Specifications versus Changes in Regime [J]. Journal of Money Credit & Banking, 2002, 34 (2): 22.

[107] Hooker M A . What happened to the oil price – macroeconomy relationship? [J]. Journal of Monetary Economics, 1996, 38 (2): 215 – 220.

[108] Investopedia. What is the Relationship between Oil Prices and Inflation? [Z]. 2008.

[109] Jenkins G. Demand, Prices and the Refining Industry: a Case – Study of the European Oil Products Market [M]. Robert Bacon M C J D, Oxford: Clarendon Press, 1991: 1, 189 –190.

[110] Jensen M C. Random Walks: Reality or Myth: Comment [J]. Financial Analysts Journal, 1967, 23 (6): 77 –85.

[111] Jolls C, Sunstein C R, Thaler R. A Behavioral Approach to Law and Economics [J]. Stanford Law Review, 1998, 50 (5): 1471 –1550.

[112] Kahneman D, Riepe M W. Aspects of Investor Psychology [J]. The Journal of Portfolio Management, 1998, 24 (4): 52 –65.

[113] Kahneman D, Tversky A. Prospect Theory An Analysis of Decision under Risk [J]. Econometrica, 1979, 47 (2): 263 –291.

[114] Kaufmann R K, Ullman B. Oil Prices, Speculation and Fundamentals: Interpreting Causal Relations among Spot and Futures Prices [J]. Energy Economics, 2009, 31 (4): 550 –558.

[115] Kaufmann, R. K. , The role of market fundamentals and speculation in recent price changes for crude oil. Energy Policy, 2011, 39 (1): p. 105 –115.

[116] Keim D B. Size Related Anomalies and Stock Return Seasonality: Further Empirical Evidence [J]. Journal of Financial Economics, 1983, 12 (1): 13 –32.

[117] Keown A J, Pinkerton J M. Merger Announcements and In-

sider Trading Activity: An Empirical Investigation [J]. Journal of Finance, 1981, 36 (4): 855 -869.

[118] Keynes, J. M., A Treatise on Money: In 2 Volumes. 1930: Macmillan & Company.

[119] Khan M S. The 2008 Oil Price "Bubble" [R]. Peterson Institute for International Economics Policy Brief, 2009.

[120] Kilian L, Murphy D. The Role of Inventories and Speculative Trading in the Global Market for Crude Oil [J]. Working Paper, 2010, University of Michigan.

[121] Kilian L. A COMPARISON OF THE EFFECTS OF EXOGENOUS OIL SUPPLY SHOCKS ON OUTPUT AND INFLATION IN THE G7 COUNTRIES [J]. Journal of the European Economic Association, 2011, 6 (1): 78 -121.

[122] Kilian L. Not All Oil Price Shocks Are Alike: Disentangling Demand and Supply Shocks in the Crude Oil Market [J]. American Economic Review, 2009, 99 (3): 1053 -1069.

[123] Kilian, Lutz. Exogenous Oil Supply Shocks: How Big Are They and How Much Do They Matter for the U. S. Economy? [J]. Review of Economics and Statistics, 2008, 90 (2): 216 -240.

[124] Kristiansen. Oil Inventory and Speculation - Historical Causal Evidence form the Time - series Data: Working Paper [Z]. 2008.

[125] Kyle A S, Wang F A. Speculation Duopoly with Agreement to Disagree: Can Overconfidence Survive the Market Test? [J]. Journal of Finance. 1997, 52 (5): 2073 -2090.

[126] Kyle A S. Continuous Auctions and Insider Trading [J]. Econometrica, 1985, 53 (6): 1315 -1335.

[127] Lakonishok J, Shleifer A, Vishny R W. Contrarian Investment, Extrapolation, and Risk [J]. Journal of Finance, 1994, 49

(5): 1541 – 1578.

[128] Le Roy S F, Porter R D. Present – Value Relation: Tests Based on Implied Variance Bounds [J]. Econometrica, 1981, 49 (3): 555 – 574.

[129] Lewicki R D, Barry B, Saunders D M, et al. Essentials of Negotiations 4 th Edition [M]. McGraw – Hill, 2007.

[130] Loewenstein G, Thaler R H. Anomalies in Intertemporal Choice [J]. Journal of Economic Perspectives, 1989, 3 (4): 181 – 193.

[131] Loungani P . Oil Price Shocks and the Dispersion Hypothesis [J]. The Review of Economics and Statistics, 1986, 68 (3): 536 – 539.

[132] Lucas Jr R E. Asset Prices in an Exchange Economy [J]. Econometrica, 1978, 46 (6): 1429 – 1445.

[133] Malkiel B G, Fama E F. Efficient Capital Markets: Review of Theory and Empirical Work [J]. Journal of Finance, 1970, 25 (2): 383 – 417.

[134] Malkiel B G. A Random Walk Down Wall Street: Including a Life – Cycle Guide to Personal Investing [M]. WW Norton Company, 1973.

[135] Mehra R, Prescott E C. The Equity Premium: A Puzzle [J]. Journal of Monetary Economics, 1985, 15 (2): 145 – 161.

[136] Merino A, Ortiz A. Explaining the So – called "Price Premium" in Oil Markets [J]. OPEC Energy Review, 2005, 29 (2): 133 – 152.

[137] Miller J I, Ratti R A. Crude Oil and Stock Markets: Stability, Instability, and Bubbles [J]. Energy Economics, 2009, 31 (4): 559 – 568.

[138] Milonas N, Henker T. Price Spread and Convenience Yield Behaviour in the International Oil Market [J]. Applied Financial Econom-

ics, 2001, 11 (1): 23 -36.

[139] Mitchell J, Morita K, Selley N, et al. The New Economy of Oil: Impacts on Business, Geopolitics and Society [M]. Earthscan Publications, 2001.

[140] Mork K A. Oil and the Macroeconomy When Prices Go Up and Down: An Extension of Hamilton's Results [J]. Journal of Political Economy, 1989, 97 (3): 740 -744.

[141] Mullainathan S, Thaler R H. Behavioral Economics: Working Paper [Z]. National Bureau of Economic Research, 2000.

[142] Noreng O. Crude Power: Politics and the Oil Market [M]. IB Tauris, 2006.

[143] Odean T. Are Investors Reluctant to Realize Their Losses? [J]. Journal of Finance, 1998, 53 (5): 1775 -1798.

[144] Pesaran M H, Timmermann A. A Simple Nonparametric Test of Predictive Performance [J]. Journal of Business and Economic Statistics, 1992, 10 (4): 461 -465.

[145] Phillips, P. C. B. and B. E. Hansen, Statistical Inference in Instrumental Variables Regression with I (1) Processes. Review of Economic Studies, 1990, 57 (1): 99 -125.

[146] Phillips, P. C. B. and J. Y. Park, On the Formulation of Wald Tests of Nonlinear Restrictions. Econometrica, 1988, 56 (5): 1065 -83.

[147] Phillips, P. C. B. and S. Ouliaris, Asymptotic Properties of Residual Based Tests for Cointegration. Econometrica, 1990, 58 (1): 165 -93.

[148] Pindyck R S. Irreversibility, Uncertainty, and Investment [J]. Journal of Economic Literature, 1991, 29 (3): 1110 -1148.

[149] Pindyck R S. The Present Value Model of Rational Commodity

Pricing [J]. Economic Journal, 1993, 103 (418): 511 - 530.

[150] Pindyck S R. Inventories and the Short - Run Dynamics of Commodity Prices [J]. Journal of Economics, 1994, 25 (1): 141 - 159.

[151] Pindyck S R. The Dynamics of Commodity Spot and Futures Markets: A Primer [J]. Energy Journal, 2001, 22 (3): 1 - 30.

[152] Poteshman A. Forecasting Future Volatility from Option Prices [R]. University of Illinois at Urbana - Champaign - Department of Finance, 2001.

[153] Ripple, R. D. and I. A. Moosa, Hedging effectiveness and futures contract maturity: the case of NYMEX crude oil futures. Applied Financial Economics, 2007, 17 (9): 683 - 689.

[154] Risager O. The Value Premium on the Danish Stock Market: 1950 - 2004 [J]. Department of International Economics and Management, Copenhagen Business School, 2008: 1 - 21.

[155] Ritter J R. The Buying and Selling Behavior of Individual Investors at the Turn of the Year [J]. Journal of Finance, 1988, 43 (3): 701 - 717.

[156] Rotemberg J J, Woodford M . Imperfect Competition and the Effects of Energy Price Increases on Economic Activity [J]. Journal of Money, Credit and Banking, 1996, 28.

[157] Rotemberg J J. Comment on "The Macroeconomic Effects of Oil Price Shocks: Why are the 2000s so different from the 1970s?" [J]. Nber Chapters, 2007, 22 (2): 681 - 686.

[158] Samuelson P A. An Exact Consumption - Loan Model of Interest with or without the Social Contrivance of Money [J]. Journal of Political Economy, 1958, 66 (6): 467 - 482.

[159] Samuelson P A. Proof That Properly Anticipated Prices Fluctuate Randomly [J]. Industrial management review, 1965, 6 (2): 41 - 50.

[160] Sanders D, Irwin S, Leuthold R. Noise Traders, Market Sentiment, and Futures Price Behavior: Working Paper [Z]. 1997.

[161] Schwartz E S. The Stochastic Behavior of Commodity Prices: Implications for Valuation and Hedging [J]. Journal of Finance, 1997, 52 (3): 923 -973.

[162] Schwarz, T. V. and A. C. Szakmary, Price discovery in petroleum markets: arbitrage, cointegration, and the time interval of analysis. Journal of Futures Markets, 1994. 14 (2): 147 -167.

[163] Shiller R J, Fischer S, Friedman B M. Stock Prices and Social Dynamics [J]. Brookings Papers on Economic Activity, 1984 (2): 457 -510.

[164] Shiller R J. Conversation, Information, and Herd Behavior [J]. American Economic Review, 1995, 85 (2): 181 -185.

[165] Shiller R J. Do Stock Prices Move Too Much to be Justified by Subsequent Changes in Dividends? [J]. American Economic Review, 1981, 71 (3): 421 -436.

[166] Shiller R J. From Efficient Markets Theory to Behavioral Finance [J]. Journal of Economic Perspectives, 2003, 17 (1): 83 -104.

[167] Shleifer A, Summers L H. The Noise Trader Approach to Finance [J]. Journal of Economic Perspectives, 1990, 4 (2): 19 -33.

[168] Shleifer A, Vishny R W. The Limits of Arbitrage [J]. Journal of Finance, 1997, 52 (1): 35 -55.

[169] Shleifer A. Implementation Cycles [J]. Journal of Political Economy, 1986, 94 (6): 1163 -1190.

[170] Shleifer A. Inefficient Markets: An Introduction to Behavioral Finance: An Introduction to Behavioral Finance [M]. New York: Oxford University Press, 2000.

[171] Siegel J J, Thaler R H. Anomalies: The Equity Premium Puz-

zle [J]. Journal of Economic Perspectives, 1997, 11 (1): 191 -200.

[172] Silvapulle, P. and I. A. Moosa, The relationship between spot and futures prices: evidence from the crude oil market. Journal of Futures Markets, 1999, 19 (2): 175 -193.

[173] Simmons M R. Twilight in the Desert: The Coming Saudi Oil Shock and the World Economy [M]. Wiley, 2005.

[174] Sofianos G. Index Arbitrage Profitability [J]. Journal of Derivatives, 1993, 1 (1): 6 -20.

[175] Sornette D. Why Stock Market Crash? [R]. Cieseer, 2003.

[176] Stock, J. H., Asymptotic Properties of Least Squares Estimators of Cointegrating Vectors. Econometrica, 1987. 55 (5): 1035 -56.

[177] Tang K, Xiong W. Index Investment and Financialization of Commodities: Working Paper [Z]. National Bureau of Economic Research, 2010.

[178] Thaler R, Barberis N. A Survey of Behavioral Finance [M]. National Bureau of Economic Research, 2002.

[179] Tversky A, D K. Judgment under Uncertainty: Heuristics and Biases [J]. Science, 1974 (185): 1124 -1131.

[180] Williamson H F. The American Petroleum Industry [M]. Northwestern University Press, 1959.

[181] Working H. Whose Markets: Evidence on Some Aspects of Futures Trading [J]. Journal of Marketing, 1954, 19 (1): 1 -11.

[182] Working, H., Quotations on commodity futures as price forecasts. Econometrica: Journal of the Econometric Society, 1942: 39 -52.

[183] Xu Y, Malkiel B G. Investigating the Behavior of Idiosyncratic Volatility [J]. Journal of Business, 2003, 76 (4): 613 -645.

[184] Ye M, Zyren J, Shore J. Forecasting Crude Oil Spot Price

Using OECD Petroleum Inventory Levels [J]. International Advances in Economic Research, 2002, 8 (4): 324 - 333.

[185] Zweig M E. An Investor Expectations Stock Price Predictive Model Using Closed - End Fund Premiums [J]. Journal of Finance, 1973, 28 (1): 67 - 78.